MARCO POLO

BORNHOLM

Reisen mit Insider Tipps

> Kleine Insel voller Wunder: Landschaften von einer Vielfalt, die selbst Stammgäste immer wieder verblüfft; Häfen wie aus dem dänischen Bilderbuch; ambitionierte Kultur und Kunsthandwerk. Und Charaktere, die das Herz wärmen.

MARCO POLO Autor
Bernd Schiller
(siehe S. 122)

Weitere MARCO POLO Titel:
Dänemark, Kopenhagen

Spezielle News, Lesermeinungen und Angebote zu Bornholm:
www.marcopolo.de/bornholm

BORNHOLM

> SYMBOLE

Insider Tipp **MARCO POLO INSIDER-TIPPS**
Von unserem Autor für Sie entdeckt

★ **MARCO POLO HIGHLIGHTS**
Alles, was Sie auf Bornholm kennen sollten

SCHÖNE AUSSICHT

WLAN-HOTSPOT

HIER TRIFFT SICH DIE SZENE

> PREISKATEGORIEN

HOTELS

€€€ über 130 Euro
€€ 100–130 Euro
€ unter 100 Euro
Die Preise gelten für ein Doppelzimmer pro Nacht mit Frühstück

RESTAURANTS

€€€ über 25 Euro
€€ 18–25 Euro
€ unter 18 Euro
Die Preise gelten für ein Hauptgericht ohne Getränke

> KARTEN

[110 A1] Seitenzahlen und Koordinaten für den Reiseatlas Bornholm

[U A1] Koordinaten für die Rønnekarte im hinteren Umschlag

Zu Ihrer Orientierung sind auch die Orte mit Koordinaten versehen, die nicht im Reiseatlas eingetragen sind

INHALT

> SZENE

S. 12–15: Trends, Entdeckungen, Hotspots! Was wann wo auf Bornholm los ist, verrät die MARCO POLO Szeneautorin vor Ort

> 24 STUNDEN

S. 90/91: Action pur und einmalige Erlebnisse in 24 Stunden! MARCO POLO hat für Sie einen außergewöhnlichen Tag auf Bornholm zusammengestellt

> LOW BUDGET

Viel erleben für wenig Geld! Wo Sie zu kleinen Preisen etwas Besonderes genießen und tolle Schnäppchen machen können:

Antikes zum Schnäppchenpreis S. 38 | Happy Hour in Allinge-Sandvig S. 53 | Kostenlose Köstlichkeiten aus der Bonbonfabrik S. 62 | Hafenfest in Snogebæk: viel Spaß für wenig Geld S. 73 | Abendliche Kirchenführung gratis S. 84

> GUT ZU WISSEN

Was war wann? S. 10 | Bücher & Filme S. 21 | Spezialitäten S. 26 | Denne Uges Bornholm S. 34 | Blogs & Podcasts S. 40 | Die Unterirdischen S. 70

AUF DEM TITEL

Wanderung durch Felsschluchten und Hochmoore S. 75

Hummer auf die Hand: Snacks für Gourmets S. 15

ENTDECKEN SIE BORNHOLM!

Unsere Top 15 führen Sie an die traumhaftesten Orte und zu den spannendsten Sehenswürdigkeiten

Die Highlights sind in der Karte auf dem hinteren Umschlag eingetragen

1 Musikfestival
Ein Erlebnis für alle Sinne sind die alljährlich auf der Insel veranstalteten Sommerkonzerte, die in den Dorf- und Rundkirchen Bornholms stattfinden (Seite 23)

2 Altstadt
Erleben Sie die Hauptstadt Rønne romantisch und sehr hyggelig – im alten Viertel um die Nikolaikirche und den Marktplatz (Seite 33)

3 Ny Kirke
Die kleinste der Bornholmer Rundkirchen im Dörfchen Nyker nahe Rønne ist möglicherweise auch die jüngste – aber sicher ist das nicht (Seite 40)

4 Grønbechs Gaard
Arbeiten namhafter Kunsthandwerker sind im Zentrum von Hasle zu sehen (Seite 41)

5 Hammershus
Imposant und interessant: Skandinaviens größte Burgruine (Seite 52)

6 Helligdommen/ Bornholms Kunstmuseum
Kunst in herrlicher Umgebung, hoch über der Ostsee zwischen Gudhjem und Tejn (Seite 55)

7 Ertholmene (Erbseninseln)
Wer Zeit hat, sollte Christiansø und Frederiksø nicht nur für einen Tag besuchen (Seite 56)

> DIE BESTEN MARCO POLO HIGHLIGHTS

8 Gudhjem
Für die meisten Besucher ist dies der schönste Ort der Insel: Hier finden Sie mediterranes Flair (Seite 59)

9 Svaneke
Spätestens am dritten Urlaubstag muss man hier Szenerie und Atmosphäre genießen (Seite 62)

10 Dueodde
Nirgendwo in Nordeuropa ist der Sand feiner, der Strand länger und breiter als hier im Süden der Insel (Seite 67)

11 Aarsdale
Idyllischer Hafen an der Ostküste mit zwei Traditionsräuchereien (Seite 74)

12 Sørens Værtshus
In der Kultkneipe in Snogebæk treffen sich Einheimische und Urlauber (Seite 76)

13 Natur Bornholm
Im Erlebnismuseum bei Aakirkeby werden Flora, Fauna und Erdgeschichte spielerisch und spannend erklärt (Seite 80)

14 Almindingen
Das grüne Herz, mit Wanderwegen und einer Trabrennbahn (Seite 82)

15 Joboland
Früher hieß das Kinderparadies bei Svaneke Brændesgaardshaven. Es ist moderner geworden und doch gemütlich geblieben (Seite 98)

WAS FÜR EINE INSEL!

Leuchtturm bei Svaneke

AUFTAKT

Naturbelassene weite Strände, aus dem Meer ragende Klippenfelsen, hügelige Wälder; Fahrradwege ohne Ende, idyllische Städtchen, die zum Bummeln einladen; Pinten, Pubs und Räuchereien, unzählige Galerien und Kunstwerkstätten: Bornholm ist ein kleines Ferienparadies. Durch die günstige Lage inmitten der Ostsee verfügt die Insel über ein mildes, fast mediterranes Klima, sodass Bornholm nicht zu Unrecht als Sonnenscheininsel bezeichnet wird. Gastfreundliche und hilfsbereite Bornholmer gehören mit zum Bild der Insel und geben Bornholm auch von dieser Seite einen ganz besonderen Charme.

WAS WAR WANN?

Geschichtstabelle

Ca. 10000 v. Chr. Erste Spuren menschlicher Besiedlung (Jäger und Fischer)

Ca. 4200–1800 v. Chr. Jungsteinzeit. Hünengräber aus dieser Epoche

Ca. 1800–500 v. Chr. Bronzezeit, zahlreiche Hügelgräber und Feuerbestattungsplätze

Ca. 800–1050 Wikingerzeit. Bornholm wird dänisch

1080–86 König Knud (der Heilige) christianisiert die Insel

Ca. 1255 Burg Hammershus wird als Sitz des Erzbischofs errichtet

1525 Die Lübecker bekommen Bornholm vom Dänenkönig für 50 Jahre als Pfand (gegen Gotland)

1576 Wieder unter dänischer Krone

1657 Dänemark verliert Bornholm an Schweden

1658 Widerstand gegen Schweden; die Insel wird endgültig dänisch

Um 1900 Beginn des Tourismus

1940 Deutsche Truppen besetzen die Insel

Mai 1945 Der deutsche Inselkommandant will nicht vor den Russen kapitulieren. Die bombardieren daraufhin Rønne und Nexø: zehn Tote, schwere Schäden an Hunderten von Häusern

2000 Eröffnung der Øresundbrücke

2003 Alle Orte auf der Insel verlieren ihre Selbständigkeit und werden zu Dänemarks erster Großkommune mit Sitz in Rønne

2009 Eine Koalition zwischen Sozialdemokraten und *Venstre* (das heißt zwar „links“, ist aber eine rechtsliberale Partei) „regiert“ die Insel, deren Geschicke aber seit 2006 weitgehend aus Kopenhagen gelenkt werden

versuchten, Fuß zu fassen. Doch da erhoben sich die Bornholmer, die Aufständischen – allen voran die legendären Freiheitskämpfer Peder Olsen, Povl Anker und Jens Kofoed – erschossen 1658 den schwedischen Oberbefehlshaber Printzenskjöldt und jagten die Besatzer über die Ostsee davon. Taktisch klug, machten die Bornholmer noch im selben Jahr ihre Insel der dänischen Krone für immer und ewig zum Geschenk.

Seitdem gehört Bornholm zum Königreich Dänemark. Nur einmal in der jüngeren Geschichte sah es so aus, als würde Bornholm plötzlich doch mal unter anderer Flagge segeln. Das war am Ende des Zweiten Weltkriegs. Weil der deutsche Inselkommandant zu spät von der Kapitulation der deutschen Wehrmacht erfuhr, wollte er die Insel nicht übergeben, schon gar nicht an die Russen, deren Fliegerverbände noch Anfang Mai 1945 Bornholm überflogen. Die Deutschen schossen auf die Russen, die Russen bombardierten zweimal, am 7. und 8. Mai 1945, die Städte Nexø und Rønne. Die Sowjets besetzten danach die Insel, und ein knappes Jahr lang hielt die westliche Welt Bornholm für verloren. Doch am 5. April 1946 zogen die Russen ganz überraschend wieder ab.

> *Das Sommerleben spielt sich in soliden Formen ab*

Heute ist die Insel ein Zentrum der Begegnung vieler Ostseeländer. Ganz besonders die baltischen Staaten pflegen einen regen Kultur- und Bildungsaustausch mit Rønne und werden dabei von Dänemark auch finanziell kräftig unterstützt.

Die Deutschen kommen indes seit über 100 Jahren. Schon 1900 richtete die „Braeunlichsche Dampfschiffahrtsgesellschaft“ in Stettin eine regelmäßige Schiffsverbindung ein. Und 1913 erschien die erste deutsche „Beschreibung der interessanten dänischen Felseninsel“, herausgegeben von der Bade-Direktion Allinge (ein Auszug: „Das ganze Sommerleben spielt sich in ruhigen, soliden Formen ab ...“). Jahrzehntelang stellten die Deutschen die größte Gästegruppe. Aber die Øresundbrücke und das Speedboot nach Ystad in Südschweden lassen die Zahl der Urlauber aus dem Mutterland, vor allem aus Kopenhagen, kräftig steigen. Und auch die Norweger kommen immer zahlreicher. Die Deutschen hingegen, konfrontiert mit immer höheren Fährschiff- und Ferienhauspreisen, stellen heute nur noch ein Viertel der etwa 500 000 Touristen, die jedes Jahr Bornholm besuchen; zu Anfang der 1990er-Jahre lag ihr Anteil bei über einem Drittel.

Zwei Hügelgräber ragen wie Inseln aus dem blühenden Rapsfeldermeer

Das also hat sich ebenfalls geändert. Geblieben hingegen, wie alles Wesentliche, ist dies: Nie übersteigt die Zahl der Urlauber die Zahl der Einwohner – höchstens 42 000 Gäste besuchen jeweils etwa 42 000 Bornholmer. Und das soll auch in Zukunft so bleiben.

TREND GUIDE BORNHOLM

Die heißesten Entdeckungen und Hotspots!
Unser Szene-Scout zeigt Ihnen, was angesagt ist

Anne Baldauf
Die Hobbyfotografin und Studentin hat Bornholm zu ihrer Lieblingsinsel erkoren. Mehrmals im Jahr fährt sie von Berlin aus dorthin, nicht nur um ihre Familie zu besuchen, sondern auch um die besten Trends zu erkunden. Von Musikfestivals über Kunst und Sport – unseren Szene-Scout trifft man dort, wo Trends gesetzt werden. Diese hält sie mit ihrer Kamera fest und stellt die Bilder anschließend erfolgreich aus.

ADRENALINKICK

Paddeln auf hoher See!

Im flachen Wasser langsam durch die Gegend paddeln ist den actionbegeisterten Bornholmern zu langweilig. Die Mutigen wagen sich aufs offene Meer – zum Hochseekajak! Eine neu eingerichtete Hochseekajakstation mit Verleih liegt in Aarsdale direkt am Strand. Für interessierte Neueinsteiger bietet Inhaber Jens Jørgensen geführte Hochseetouren an, z. B. eine Klippenfahrt – oder gleich die ganze Inselumrundung *(Havkajakcenter, Strandvejen 5, www.havkajakbornholm.dk)*. Das Highlight des Jahres ist allerdings nur für echte Könner geeignet: eine Wettfahrt rund um die Insel als Drei-Etappen-Tour *(Infos unter www.seachallengebornholm.dk,* Foto*)*.

SZENE

▶▶ BORNHOLMER SCALA

Oper auf Leinwand

Moderne Technik machts möglich: Weltberühmte Opernaufführungen sind nicht mehr nur Besuchern großer Opernhäuser vorbehalten. Über Satellit werden Stücke aus der *Mailänder Scala* oder dem *Liceu* in Barcelona in bester Bild- und Tonqualität in kleine Säle auf Bornholm übertragen. So erleben im Kino *Rønne Bio* Freunde der klassischen Musik regelmäßig kulturelle Höhepunkte. Bei den Übertragungen genießen sie *Puccini* und Co. in gemütlichen Kinosesseln *(Nørregade 2, Rønne, www.ronnebio.dk)*. Auch das *Kunstmuseum* in Rø ist auf den Zug aufgesprungen und zeigte vor Kurzem Oper, Ballett und Schauspiel des *Königlichen Dänischen Theaters Kopenhagen* als Liveübertragung auf Großbildleinwand. Weitere Events dieser Art sind geplant *(Otto Bruuns Plads 1, Rø, www.bornholms-kunstmuseum.dk)*.

▶▶ KREATIVITÄT

Naive Kunst

Bornholms Künstler überzeugen auch international. Maler *Poul Pava* verkaufte bereits Popstar Sting eines seiner extravaganten Bilder. Seine Werke erinnern an eine Mischung aus Comic und Kinderzeichnung *(Store Torvegade 27, Rønne, www.poulpava.dk)*. Auch Kunst aus Keramik kommt an. Bei einem zweijährlich stattfindenden Symposium treffen sich junge und alte Künstler zum *European Ceramic Context (Helligdommen Rø, Gudhjem, www.europeanceramiccontext.com*, Foto*)*. In der *Galleri Kaas* haben Interessierte das ganze Jahr Gelegenheit, Keramik und zeitgenössische Malerei zu bestaunen *(Brænderigænget 6B, Svaneke, www.gallerikaas.dk)*.

LIVE UND LAUT

Bornholm rockt

Zahlreiche Bands geben sich die Ehre, live auf Bornholm zu spielen. Heimspiel hat die dänische Rockband *Magtens Korridorer (www.magtenskorridorer.dk)*, wenn sie die Bühne am Fuß der *Ruine Hammershus* rockt. Dort findet im September das *Wonderfestiwall* statt. Aus ganz Nordeuropa kommen Bands, um vor der tollen Kulisse dem Publikum einzuheizen *(www.wonderfestiwall.dk*, Foto*)*. Livemusikveranstaltungen gibt es auch regelmäßig im *Cafe Klint (Ejnar Mikkelsensvej 20, Gudhjem)*, genaue Termine und weitere Livekonzerte erfahren Sie im Musikkalender auf der Seite der *Bornholmer Fischräucherei (www.smokedfish.dk)*.

NATÜRLICH HANDGEMACHT

Witzig und nützlich

Von Süßigkeiten bis zu Wohnaccessoires – auf Bornholm ist vieles handgemacht! Vasen und Schalen aus Holz gibt es bei *Hans-Henning Pedersen*. Der Künstler hat sich in das organische Material verliebt, Unregelmäßigkeiten erhöhen für ihn noch die Schönheit der Unikate *(Grevens Dal 58, Gudhjem, www.traesmedengudhjem.dk*, Foto*)*. Farbenfrohe Kaffeewärmer aus Filz oder schlichte Tonkrüge – *Susanne Glerup* legt sich nicht fest, fertigt was ihr gefällt *(Hans Thygesensvej 27, Svaneke, www.lovilisted.dk)*. Für Fans von Lakritze ist der Besuch in *Johan Bülows* Laden ein Muss. Hier regiert der Meister der Lakritze. Neben der klassischen Variante warten Geschmäcker wie Salmiak, Habanero Chilli, Salmiak Chilli Cranberry oder Schoko darauf, den Gaumen zu kitzeln *(Glastorvet 1, www.lakrids.nu)*.

BORNHOLM AUF DEM TELLER

Außergewöhnliche Küchen

Traditionelle Bornholmer Spezialitäten werden aufgepeppt. Frisch gekochten Hummer gibts in der *Hummerhytten*, Bornholms Gourmet-Snackbar im Hafen von Listed, ganz unprätentiös direkt auf die Hand *(Strandstien 10, www.hummerhytten.dk)*. Der Chefkoch des *Jantzens Fristelser* kreiert neue dänische Küche mit internationalem Einschlag. Da trifft der Steinbutt auf die Kaiserkrabbe und das Perlhühnchen auf Morcheln *(Havnen 4 A, www.jantzensfristelser.dk*, Foto*)*. Im *Det gamle Dukkehus* sorgen Katharina Koch und Claus Dalitz für Kreativität auf dem Teller *(Bølshavn 9, Svaneke)*.

WELLNESS VON DER INSEL

Abschied vom ChiChi

Auf Bornholm besinnen sich Wellnessanbieter auf das Wesentliche. Das Hauptaugenmerk liegt auf Gesundheit und Körperbewusstsein. Aquagymnastik und physiotherapeutische Anwendungen gibts bei *Fysioform (Højvangen 6, Rønne, www.fysioformbornholm.dk)*. Schlank und fit dank Fitnesskursen wird man im *Sundhedscenter (Sdr. Hammer 39, Nexø, www.sundhedscenterbornholm.dk)*! Auf Bodyshaping ist das *Bailine Studio Bornholm* programmiert: In speziellen Kursen legen die Trainer den Fokus auf gesunde Ernährung, Bewegung und Muskelaufbau *(Snellemarkcentret 1. sal, Snellemark 17, Rønne, www.bailine.dk*, Foto*)*.

FLIEGENDE UNTERTASSEN

Trendsport Disc-Golf

Frisbee-Golf, auch als Disc-Golf bekannt, hat die Insel infiziert. Der Sport, bei dem eine Frisbeescheibe mit möglichst wenigen Würfen in einen Korb befördert werden soll, hat in Aakirkeby ein Zuhause gefunden: Auf der Frisbee-Golfbahn in der Inselmitte *(Grødbyvejen 3, www.frisbeegolf-bornholm.com*, Foto*)* gibt's 18 „Löcher", professionelle Einführungen und eine Punktekarte, auf der die Ergebnisse notiert werden. Bei den jährlich stattfindenden *Bornholm Opens* wird der Inselchampion ausgespielt. Weitere Infos finden Sie unter *www.discgolf.de* und *www.crosslap.net*.

> VON BORNHOLMERN UND RUNDEN KIRCHEN

Was Urlaubern auf der Insel blüht: Anemonen, Feigen, Maulbeerbäume in einer liebenswerten Ferienlandschaft

BORNHOLMER

Zunächst einmal sind damit die Einwohner von Bornholm gemeint: Wie alle Insulaner bilden auch sie sich etwas auf die ihnen immer wieder nachgesagte eigenbrötlerische Komponente ein. Aber im Lauf ihrer wechselvollen Geschichte haben sie oft genug bewiesen, dass sie loyale Untertanen der Majestäten in Kopenhagen sind. Der Begriff Bornholmer meint aber mehr: im Sprachgebrauch der Touristen vor allem die goldgelb geräucherten Heringe, die von einer kulinarischen Spezialität zu einem Symbol der Insel geworden sind.

FAUNA

Die Tierwelt der Insel ist nicht unbedingt spektakulär: Rehe, Igel, Eidechsen und Wassersalamander bevölkern die Wälder in der Mitte *(Almindin-*

STICH WORTE

gen), im Norden *(Rø Plantage)* und bei Nexø *(Paradisbakkerne)*. Auch Frösche, Fledermäuse, Wald- und Feldmäuse trifft man dort leicht, ebenso auf den Feldern und an den Teichen der äußerst vielfältig gegliederten Landschaft. Besonders artenreich ist die Vogelwelt. Viele gefiederte Gäste halten sich hier auf dem Zug von Nord nach Süd oder umgekehrt auf: Baum- und Rotfußfalken, Kraniche, Raufußbussarde und Nonnengänse. Heimisch sind Rohrweihen, Habichte, Raben, Schwarzspechte und, oft zu hören, Nachtigallen. Auf den Erbseninseln nisten unter anderem Trottellummen und Tordalke.

FERIENHÄUSER

Sommerhäuser, wie sie in ganz Dänemark genannt werden (auch wenn die meisten von ihnen inzwischen wintertauglich sind oder sich zumindest für Vor- und Nachsaison eignen), sind mit Abstand die beliebteste Unterkunftsform auf Bornholm. Von den knapp 4000 Häusern – die meisten von ihnen bestehen aus Holz – werden etwas mehr als die Hälfte vermietet, die anderen nutzen die Eigentümer selber. Die Mehrzahl der Häuser steht im Süden, Südosten und an der Westküste bei Hasle. Im Norden hingegen dominieren Hotelpensionen, in denen sich vorwiegend ältere Gäste wohlfühlen, die keinen großen Wert auf die Nähe zu einem Strand legen.

Die am schönsten gelegenen und komfortabelsten Ferienhäuser finden Sie rechts und links von Dueodde. Besonders tolle (und teure) Häuser kuscheln sich in die Heidesenken an der Holster Odde südlich von Pedersker. Sowieso sind die westlichen und die östlichen Seemarken *(Vestre* und *Østre Sømarken)* sehr beliebte Ferienhaussiedlungen. Das gilt auch für die Regionen *Sommerodde, Strandmarken* und das bewaldete Gebiet westlich von Snogebæk. Sehr familienfreundlich ist auch das schmale Land hinter dem Balka-Strand. Neben den Großen der Branche (Dan-Center und Dansommer/Novasol) bieten auch regionale Vermittler sehr gute Häuser an, nicht selten zu etwas günstigeren Preisen. Es lohnt sich zu googeln!

FISCHEREI

Das Gewerbe, das über viele Jahrhunderte die Küsten der Insel geprägt hat, ist in den vergangenen Jahren mehr und mehr zum Problemfall geworden: stark eingeschränkte Fangquoten, strengere Gesetze, leer gefischte Gewässer rund um Bornholm. Die traditionellen Kutter der alteingesessenen Familien können schon lange nicht mehr mit den Fabrikschiffen aus den östlichen Ostseeanrainerstaaten mithalten. Zwar landen noch etwa 480 Bornholmer Fischerboote vor allem Dorsch an – aber der Erlös dafür ist niedrig. Hering hingegen – eigentlich ebenso ein Symbol für die Insel wie die Rundkirchen – spielt heute kaum noch eine Rolle. Der „Bornholmer", also der nach alter Tradition goldgeräucherte Hering aus den verbliebenen zehn Räuchereien, kommt fast ausschließlich aus der Nordsee.

FLORA

Wie in keiner anderen Region Dänemarks wächst auf Bornholm in ganz unterschiedlichen Biotopen eine große Anzahl seltener und schöner Pflanzen: Die gelbe Spargelbohne hellt das Pfeifengras in den Strandwiesen auf; blaue Apenninanemonen, die eigentlich nur südlich der Alpen vorkommen, erfreuen im Frühjahr das Herz aller Hobbybotaniker; zwischen der Heide blühen Wacholder und Schlehe, und im Herbst leuchten die roten Vogelbeeren der Bornholmer Eberesche. Auch Feigenbäume, Weinstöcke und Maulbeerbäume gedeihen im milden Inselklima. Gerade die Vor- und Nachsaison bietet Naturfreunden viel fürs Auge und sogar manches für die Küche. So streifen nicht wenige Besucher im Frühjahr durch die Wälder bei Nexø und vor allem in Almindingen, um Bärlauch zu sammeln.

KUNST & HANDWERK

Keine andere Region in Skandinavien bietet auf kleinem Raum eine so bunte Palette an großer Kunst und renommiertem Kunsthandwerk. Da sind nicht nur die vielen Keramiker, Glasbläser, Bildhauer, Textilkünstler, die Maler, Schmuckdesigner und Holzschnitzer, die vor allem vom Sommergeschäft leben. Sie freuen sich, wenn die Touristen ihre Werkstätten besuchen. Weniger oder gar nicht öffentlich wirken hingegen einige Künstler von Weltruf auf entlegenen Höfen; sie arbeiten oft für große Projekte sowie Kenner und Liebhaber in aller Welt. Zu ihnen gehören Keramiker wie Jane Reumert in Svaneke, Bildhauer wie June Ichi Inoue aus Japan, Maler wie Jan Hällfors bei Nexø.

POLITIK & VERWALTUNG

Niemand war mehr überrascht als die Bornholmer selbst, dass die Entscheidung für eine weit reichende Gebiets- und Strukturreform im Mai 2001 so klar ausging: Drei Viertel der als querköpfig bekannten Insulaner stimmten damals für die Abschaffung aller städtischen und sonstigen kommunalen Privilegien. Seit 2003 gibt es nur noch einen Bornholmer Bürgermeister. Der verwaltet und regiert die

Pferde und Ponys weiden auf Heideflächen direkt am Meer

Insel von Rønne aus. Aus den früheren Gemeinde- und Stadträten sind acht Abgeordnete des neuen Inselrats geworden. Alles soll einfacher und schneller gehen. Die Bornholmer sind skeptisch. Sie sollen mit einer straf-

Rundkirchen dienten auch als Festungen

feren Leine ans Mutterland angebunden werden. Das löste nicht bei allen Beifall aus, genauso wenig wie die Einstellung der Fährlinie zwischen Rønne und Kopenhagen. Auch da halfen 3000 Protestunterschriften nichts. Man verwies in Kopenhagen kühl auf die Øresundbrücke, mit der die Insel doch angeblich näher ans Mutterland gerückt sei. Und nach einer umfangreichen Verwaltungsreform in ganz Dänemark darf Bornholm nicht einmal mehr selbstständige Gemeinde sein. Seit 2007 wird die Insel von Hillerød aus regiert, einem kleinen Ort nördlich von Kopenhagen – die Bornholmer, bisher so stolz auf ihre Unabhängigkeit, sind darüber gar nicht erfreut.

RUNDKIRCHEN

Sie sind zum Wahrzeichen für Bornholm geworden, die vier knubbeligen Gotteshäuser aus dem 12. oder 13. Jh., die so ganz anders aussehen als fast alle übrigen Sakral- und Profanbauten auf dieser Insel. Die *Østerlars Kirke* im Osten, 5 km von Gudhjem entfernt, ist die größte. In der beinahe ebenso großen *Ols Kirke* hoch im Norden, zwischen Tejn an der Ost- und Vang an der Westküste, zieht neben der schönen Renaissancekanzel vor allem der eindrucksvolle romanische Taufstein die Kunstinteressierten an. Die *Ny Kirke* bei Rønne ist die kleinste Rundkirche; viele Besucher halten sie für die schönste. Die *Nylars Kirke,* auch nur ein paar Kilometer von Rønne entfernt an der Straße nach Aakirkeby, soll über die beste Akustik der vier Rundkirchen verfügen. Die Experten nehmen seit Langem an, dass alle vier Rundkirchen im Mittelalter Wehrkirchen waren: Festung, Lager- und Gotteshaus in einem. Die Kegeldächer, die heute diesen ungewöhnlichen Kirchentyp und damit auch einen Teil der Bornholmer Landschaft prägen, sind erst Jahrhunderte nach dem Bau der Kirchen aufgesetzt worden.

STRANDLEBEN

Das sieht etwas anders als in deutschen Seebädern aus: Weder werden auf Bornholm Strandkörbe vermietet, noch gehört es zum guten Ton, sich hinter Sandburgen mit Muschelverzierungen abzuschotten. Wer textilfrei herumlaufen mag, kann dies tun, ohne großes Aufsehen zu erregen; üblich ist es allerdings weniger an den kleinen Strandbuchten Nordbornholms als vielmehr in den Dünen von Dueodde im Süden.

An einigen Strandabschnitten muss in manchen Sommern je nach Wetterlage mit angeschwemmtem Tang gerechnet werden; an heißen Tagen kann das zu Geruchsbelästigung führen. Ebenso müssen Sie sich im Süden der Insel von einem aufs andere Jahr auf überraschend unterschiedliche Strandbreiten einstellen. Winterstürme tragen zuweilen meterweise Sand ab; im nächsten Frühjahr kann derselbe Strandabschnitt dann wieder dreimal so breit wie im Vorjahr sein.

WIRTSCHAFT

Bornholmer Wildlachs auf deutschen Weihnachtstischen, das lässt sich denken. Aber Käse aus Klemensker in den Feinschmeckerregalen japanischer Kaufhäuser, das überrascht doch eher. Die Bornholmer Molkerei, ansässig in *Klemensker,* schickt ihre Produkte in alle Welt. Das tun auch die großen Fisch verarbeitenden Betriebe in Nexø.

Industrie, Landwirtschaft, Fischerei und der Dienstleistungsbereich sind vielfältig gegliedert. Es gibt keine Schwerindustrie auf Bornholm; unter den wenigen „Großbetrieben“ ist der Maschinenbau Jensen in Rønne mit etwa 300 Beschäftigten der größte. Nach der Lebensmittelproduktion, wie die Handelskammer in Rønne statistisch alles zusammenfasst, was aus der See, vom Acker, aus den Gärten, Wäldern und Ställen kommt, ist der Tourismus – vor der Industrie und den anderen Dienstleistern – die wichtigste Einkommensquelle der Bornholmer.

> BÜCHER & FILME

Bornholm – Schauplatz der Weltliteratur

- **Pelle der Eroberer** – Martin Andersen Nexø schildert die harte Arbeit und das Leben der Bauern, Fischer und Arbeiter seiner Zeit auf Bornholm. Der Roman wurde von dem dänischen Regisseur Bille August verfilmt und 1988 mit der Goldenen Palme von Cannes und einem Oscar als bester ausländischer Film ausgezeichnet.
- **Bornholmer Novellen** – Eine kurzweilige Lektüre vor Ort sind auch die Bornholmer Novellen, ebenfalls von Martin Andersen Nexø.
- **Fluss ohne Ufer** – Auch der Hamburger Dichter Hans Henny Jahnn (1894–1959) hat im Exil auf und über Bornholm geschrieben, allerdings ohne die Insel beim Namen zu nennen. Wer sie kennt, findet sie in der Trilogie „Fluss ohne Ufer“ leicht wieder – einfühlsam beschrieben.

FESTE FEIERN MIT DEN DÄNEN

Anlässe zu feiern gibt es viele; am fröhlichsten geht es bei den Hafenfesten zu

> So vielfältig wie Bornholms Natur ist auch die Palette der Events. Ob anspruchsvoll und edel oder kräftig und deftig, jeder kommt auf seine Kosten.

OFFIZIELLE FEIERTAGE

Die christlichen Feiertage entsprechen unseren Kirchenfesten. Ausnahmen: **Gründonnerstag** ist arbeitsfrei, Ostern also ein fünftägiges Fest. Und: Der Große Bettag (bei uns: Buß- und Bettag) ist nicht im Herbst, sondern am vierten Freitag nach Ostern.
1. Mai offiziell nicht arbeitsfrei, aber viele Geschäfte schließen mittags;
5. Juni *Grundlovsdag* (Verfassungstag, erinnert an die Verkündigung bürgerlicher Grundrechte durch Frederik VII. 1849); bis mittags wird gearbeitet.

VOLKSFESTE

Den ganzen Sommer über finden in fast allen Küstenorten sogenannte Hafenfeste statt, urige Jahrmärkte mit Kissenschlacht, Traktorfahrt auf dem Meer, Flohmarkt und Singsang; sehr dänisch, sehr lustig!

Juni
23./24. Juni *Skt. Hans Aften:* Zur Mittsommerzeit, jeweils am Sonnabend vor St. Johanni, lodern abends an allen Stränden, vor vielen Hotels und in noch mehr Privatgärten die Johannisfeuer. Dazu wird gesungen, getanzt und (nicht zu knapp) getrunken. Ein schönes Feuer brennt in Hasle, wo allerdings, wie auch an vielen anderen Orten, vor 21 Uhr nichts los ist – danach aber umso mehr. Das *Quellenfest* in Svaneke findet das ganze Johanniswochenende über statt, mit Buden, Musikzügen und dänischer Fröhlichkeit.

Juli
Die beste Stimmung herrscht jedes Jahr Mitte Juli in Snogebæk, wo das Fest stets am Sonntag um 23 Uhr mit dem schönsten Feuerwerk der Insel abschließt. Über Termine, Programm und Eintrittskosten informiert die Gratiszeitung „Denne Uges".
Blumenfest in Aakirkeby Mitte Juli: Umzüge mit blumengeschmückten

>EVENTS FESTE & MEHR

Wagen durch die „blühende" Altstadt, sehr fotogen!

EVENTS

Juni

Tierschau in Almindingen Ende Juni (Trabrennbahn): So viel rustikale Gemütlichkeit, Nostalgie und neuzeitlichen Spaß auf einmal darf man sich nicht entgehen lassen. Viehhändler besiegeln per Handschlag, wenn Pferde, Kühe und Schweine den Besitzer wechseln; das Publikum schaut vergnügt zu und feiert mit (buntes Rahmenprogramm).

Insider Tipp

Juli

Autoveteranenkorso Anfang Juli: Dänen lieben historische Vehikel; auf Bornholm rollen Dutzende Amischlitten aus Elvis' Zeiten, dazu ein paar Raritäten, also echte Oldtimer. Wenn sich diese Veteranen treffen, stoßen viele deutsche Freaks mit ihren blank geputzten Lieblingen dazu. Höhepunkt: die *Rallye* am ersten Juliwochenende, Teffpunkt Aakirkeby Sporthalle, *www.bornholmsmotorveteraner.dk*

Jazzfestival in Allinge: Hier wird immer um die Julimitte herum Traditionsjazz geboten: New Orleans und dänischer Jazzfolk.

August

Gegen Ende August freuen sich die Liebhaber sakraler und anderer Orgelklänge auf das *Internationale Orgelfestival.* Es findet an fünf Abenden jeweils in der Nicolai-Kirche statt, *www.bornmus.dk*

FESTIVALS

Juli/August

★ *Musikfestival*, Mitte Juli bis Mitte August: die anspruchsvollste Konzertreihe des Jahres, meist in Kirchen. Namhafte Musiker aus ganz Europa, *www.bornholms-musikfestival.dk*

September

Bornholmer Kulturwoche, Mitte September: Musik, Theater, Kino und Workshop für angehende Künstler; vielseitig und experimentierfreudig, *www.kulturwoche.bornholm.info*

> MEHR VIELFALT, MEHR QUALITÄT, MEHR KREATIVITÄT

Immer häufiger landen saisonale und regionale Produkte auf dem Teller

> Vorurteile halten sich hartnäckig. Auch das über die Esskultur in Dänemark und besonders auf Bornholm: Von roten Würstchen und Softeis sei sie dominiert, von Heringshappen und Flaschenbier. Das hat nie gestimmt, jedenfalls nicht so pauschal.

Ja, die Dänen haben es lange vorwiegend deftig gemocht (und tun das zum Teil noch immer): frittierte Schweinekruste (flæskesvær) und geröstete Wurst mit so viel Zwiebeln, Majo und Ketchup, dass kein Auge und erst recht kein Hemd trocken bleibt. Aber das hat inzwischen beides Kultstatus, gehört für fast jeden Dänemarkurlauber zum Ritual: einmal muss es sein ...! Und wer ein gutes Essen mit einem klaren Schnaps abschließen mag, kann dafür zum Bornholmer Aquavit greifen, auf der Insel destilliert.

Aber was hat sich nicht alles getan in den letzten Jahren. Überall haben

ESSEN & TRINKEN

sich Weinkenner etabliert, bieten gute Tropfen aus aller Welt zu gar nicht mehr so hohen Preisen an, wie immer noch die Sage geht. Und neuerdings gehört der fast europaweite Trend zu regionalen, frischen und saisonalen Produkten auch auf Bornholm zum Alltag in ganz vielen Restaurants, Cafés, auf Biohöfen, in Hofläden und auf Märkten. Sie nennen es *Mad med identitet;* gemeint ist Essen und Trinken mit sauberen Produkten, wie sie schon die Vorväter benutzt haben. Auch „kulinarisches Erbe" ist so ein Begriff, der den Trend kennzeichnet: Obst und Gemüse kommen frisch vom Feld, es gibt keine langen Transportwege, der ursprüngliche Geschmack bleibt erhalten und wird nicht durch Aroma- und Chemietricks angereichert.

Sogar zu liebenswerten Übertreibungen hat die Belebung heimischer Ess- und Trinksitten geführt: Jesper und Yvonne Poulsen haben vor gut zehn Jahren 2000 Weinstöcke in den Sandboden im Inselinnern gesetzt *(Lille Gadegaard bei Pedersker, Søndre Landevej 63)*. Sie hatten vorher gute Erfahrungen mit Erdbeerwein gemacht, und ihre Frucht- und Essigweine sowie die hausgemachten Liköre und Bittergetränke sind auch heute noch empfehlenswert. Über die Qualität ihrer sehr teuren Weine gehen indes die Meinungen weit auseinander.

Um die Jahrtausendwende waren Biohöfe und regionale Esskultur noch der Geheimtipp einiger müsliorien-

> SPEZIALITÄTEN

Genießen Sie die typische Bornholmer Küche!

Bornholmerhane – ein besonders fleischiger, auf der Insel gezüchteter Hahn, knusprig gebraten

Fiskefrikadeller – mit Tomatensauce besonders gut im Imbiss *Forellen* an der Fressmole im Hafen von Nexø (Foto)

Flæskesteg – krustiger Schweinebraten mit Rotkohl (und mit einem Schuss Johannisbeersaft) und braunen Inselkartoffeln, mit Butter und Zucker karamellisiert, brauner Sauce und eingelegten Senfgurken: im Herbst und Winter das Lieblingsgericht aller Bornholmer, auch an Weihnachten

Hakkebøf – Hacksteak, nicht mit einem Fastfood-Hamburger zu verwechseln. Zum Leibgericht vieler Dänen gehören gebratene Zwiebeln und Rote Bete

Kransekage – Kranzkuchen, oft mit Nougat und Schokolade verfeinert, gehört zur traditionellen Kaffeestunde (die auch gern noch nach dem *middag*, dem Abendessen, zelebriert wird)

Lagkage – mehrschichtige Sahnetorte

Østersølaks – warmer oder kalt geräucherter Wildlachs, mit Dillsauce zweifellos das Köstlichste aus den Gewässern rund um die Insel

Plankebøf – stammt eigentlich aus Amerika, findet sich aber seit Jahrzehnten auf vielen Bornholmer Tischen und Speisekarten: Rinderfilet, von Kartoffelbrei umkränzt, auf naturbelassenem Eichenbrett serviert

Røget sild – geräucherter Hering, als *Bornholmer* die Spezialität der Insel, schmeckt am besten, wenn er – gegen 11 Uhr – frisch aus dem Rauch kommt

Sol over Gudhjem – die feine Version des Räucherherings, entgrätet, mit Butter, Zwiebeln, Schnittlauch und einem Eigelb. Dazu gehört *lille een,* ein kleiner *snaps*

Torsk – Dorsch auf Bornholmer Art, gebacken und mit *Gudhjemadyppa,* einer vielfältig variierten Sauce, z.B. aus Fischsuppe, Räucherspeck, Zwiebeln, Mehl und Essig, und Salzkartoffeln serviert

tierter Außenseiter. Inzwischen listet allein das Faltblatt „Regional Madkultur“, erhältlich im Velkom-Center in Rønne sowie in vielen Restaurants und Informationsstellen, 30 Betriebe auf, die sich dem kulinarischen Erbe verpflichtet fühlen, ganz ohne sauertöpfische Ideologie. *Organic, green,* Bio – das sind heute Begriffe, die man immer häufiger auf den Speisekarten Bornholmer Restaurants und im Selbstverständnis von Köchen und Gastwirten findet.

Nicht nur im ökologischen, auch im kreativen Bereich hat sich das Angebot ungemein erweitert und verbessert. Was etwas unausgegoren mit „jungen wilden“ Köchen wie Lars Aabech begann, wird heute mit Witz und Kompetenz, angereichert durch Ideen aus Kopenhagen und der weiten Welt, in vielen ambitionierten Restaurants praktiziert (längst nicht mehr zelebriert): Das *Kadeau* an der Südküste, das neue *Povl P.* in Rønne, das *Æblehaven*in Snogebæk oder die *Hummerhytten* in Listed sind mittlerweile keine Ausnahmen mehr; sie haben sich lediglich an die Spitze eines neuen Qualitätsbewusstseins gesetzt.

Nur der berühmte und beliebte Hering wird nicht mehr vor der Haustür gefangen. Die sogenannten *Bornholmer,* die jeden Tag gegen elf Uhr aus den Öfen in den zehn noch verbliebenen Räuchereien der Insel genommen und nach wie vor warm vom Pappteller oder aus der Hand gegessen werden, sind – genau genommen – „Atlantiker“ – sie werden größtenteils in der Nordsee gefangen.

Da ist es doch gut zu wissen, dass auch für das gastronomischen Gewerbe und die Fans handfester Genüsse gilt, was schon im Auftaktkapitel gesagt wurde: Wesentliches ist geblieben. Natürlich sind weder Hotdogs noch *risted pølser* aus den

Museumsräucherei in Hasle

Kiosken verschwunden. Und das ist auch gut so. Genau so gut wie die dickbauchigen Kaffeekannen, die in den meisten Kuschelcafés auf den Tisch gestellt werden (zum Beispiel bei *Ella* im Norden oder bei *Fru Petersen* in Østermarie), wie die Kräuterheringe, die Ruth und ihr Mann Uffe auf Christiansø marinieren und ins Glas packen, und wie die Fischfrikadellen aus der Räucherei Kowsky in Aarsdale, die sich die Königin in Kopenhagen angeblich regelmäßig schicken lässt. Guten Appetit, *velbekom* und *skål!*

GALERIEN UND WERKSTÄTTEN

Die Auswahl an schönen und originellen Mitbringseln ist groß auf Bornholm

> Wer ein Mitbringsel aus seinem Bornholmurlaub sucht, hat nur ein Problem: die Qual der Wahl. Über die gesamte Insel verstreut finden Sie, manchmal auch an versteckten Orten, eine große Anzahl von Galerien, Kunsthandwerkern, Souvenirläden, Glasbläsereien, Biohöfen, Keramik- und Porzellanmanufakturen. Auch hat die Anzahl hübscher kleiner Modeboutiquen in den letzten Jahren weiter zugenommen, sodass auch hier inzwischen eine stattliche Auswahl für fast jeden Geschmack vorhanden ist. Wer nichts ausgeben möchte oder sein Kunstwerk lieber selbst gestalten will, findet an den Stränden der Insel mannigfaltiges Material: wunderschöne Schwemmhölzer, bunte Steine und mit ein bisschen Glück auch Fossilien.

ANTIKES

Wenn man über die Insel fährt, sieht man an vielen Stellen Schilder mit der Aufschrift „Antik". Hier können Sie fast immer ein riesiges und unvorstellbares Sammelsurium wirklich antiker, aber auch alter und gebrauchter Dinge finden. Für den Antikfan bis hin zum Trödler sind diese Stellen wahre Fundgruben, unermesslich und nie zur Neige gehend.

GLAS

Unter den Kunsthandwerkern der Insel gehören die Glasbläser zu den führenden. Liebhaber von Glas kommen hier voll auf ihre Kosten. Und dies im doppelten Sinn: Genuss fürs Auge und Schmerz im Geldbeutel. Besonders ausgefallenes und elegantes Design finden Sie bei *Baltic Sea Glass*. Hier lohnt es sich auf jeden Fall, einen kleinen Abstecher zu machen und sich die ausgestellten, sehr schönen Unikate anzusehen oder auch zu kaufen.

KERAMIK

Ebenso wie Glas ist Keramik ein Markenzeichen der Bornholmer Kunsthandwerker und besitzt eine lange Tradition auf der Insel. Immerhin sind heute noch etwa 60 Keramiker auf der Insel tätig, deren Produkte vielfach auch weit über die Landesgrenzen gefragt sind. So finden

> EINKAUFEN

Interessenten also auch hier eine reiche Auswahl an Formen, Farben und originellen Ideen.

KUNSTHANDWERK

Liebhaber anspruchsvoller und origineller kunsthandwerklicher Dinge sind auf Bornholm genau richtig, denn hier gibt es eine Riesenauswahl davon. Ob Metall, Holz, Stein, Glas oder Textilien, die Vielfalt der verarbeiteten Materialen und der Ideenreichtum sind erstaunlich. So fällt es mitunter auch schwer, sich für eines der vielen angebotenen Dinge zu entscheiden. Die verschiedenen Kunsthandwerker auf der Insel aufzuspüren, ist manchmal nicht so einfach. Eine Möglichkeit hierzu bietet der *Kunsthandwerkerbus,* der in der Sommersaison einmal wöchentlich mehrere dieser Handwerker besucht und damit eine gute Möglichkeit bietet, sich einen groben Überblick zu verschaffen. Wem dies zu lange dauert, der kann auch altbewährte Adressen, wie beispielsweise das *Hvide Hus* in *Saltuna* oder auch *Det Gamle Pakhus* in *Allinge* aufsuchen, wo eine große Auswahl an kunsthandwerklichen Dingen, Textilien und Souvenirs angeboten werden.

TEXTILIEN

War noch vor wenigen Jahren die *Boutique Pia Staermose* in *Boderne* nahezu allein die führende Boutique in Sachen Mode und Markenware, so hat sich dies in den letzten Jahren erheblich gewandelt. Besonders rund um den *Store Torv* in *Rønne* haben sich mehrere kleine Geschäfte etabliert. Aber leider dominieren im Hauptstädtchen, wie in Kopenhagen und anderswo in Europa, generell die Klamotten- und Schuhläden, während kleine Geschäfte mit Flair und Besonderheiten weitgehend verschwunden sind. Für den ersten Einkauf vor dem Ferienhausurlaub – und für die letzten Souvenirs – bietet sich das kleine Einkaufszentrum *Snellemark Center* am Hafen an (gegenüber vom Velkomstcenter). Dort hat auch der Ferienhausvermittler Dan-Center sein Büro.

> EIN HAUPTSTÄDTCHEN UND VIEL MEER

Großer Fährhafen, kleine Fischerdörfer und nach Norden zu eine spannende Felsenküste

> Für die meisten Besucher beginnt der Bornholmurlaub in Rønne. Hier kommen sie mit dem Schiff oder dem Flugzeug an, staunen den Farben der Insel und ihrer Hauptstadt entgegen, dem Rot der Dächer, dem Weiß der Kirche auf dem Hügel, dem Grün der Wiesen und Wälder, im Frühsommer dem grellen Gelb der Rapsfelder. Der erste Blick auf das Gewirr aus Gassen, Fachwerk und bunter Behaglichkeit macht neugierig. Irgendwann kommen alle Urlauber nach Rønne.

Bild: An der Westküste von Bornholm

Die Westküste zwischen Rønne und Vang gehört zu den stillen Regionen der Insel. Wenn Sie von Rønne einen Ausflug Richtung Norden machen, führt der Weg zuerst durch eine einsame, verwunschen wirkende Wald- und Seenlandschaft. Mehrere Seen – aufgefüllte, ehemalige Ton- oder Kohlegruben – bieten hier seltenen Vögeln und Kriechtieren einen nahezu ungestörten Lebensraum. Noch weiter nach Norden zu be-

RØNNE UND DIE WESTKÜSTE

stimmt eine stark zerklüftete, stellenweise spektakuläre Felsenküste das Landschaftsbild.

Der Bummel durch Hasle bietet Überraschungen der kleinen Art, wie sie typisch für die Städtchen der Insel sind: eine Räucherei mit einem angeschlossenen Minimuseum; die Galerie *Grønbechs Gaard,* die den besten Einblick in das Schaffen von über 30 renommierten Kunsthandwerkern gibt. Nördlich dieser Stadtidylle wird die Küste geradezu dramatisch, mit herrlichen Ausblicken auf zerklüftete Felsen im Meer.

RØNNE

KARTE IN DER HINTEREN UMSCHLAGKLAPPE

[114 B–C 2–3] Verwaltungssitz und damit „Hauptstadt" der Insel, größter Fährhafen, bevölkerungsreichster Ort – und doch nur ein Kleinstädtchen mit etwas über

15 000 Einwohnern (ein Drittel aller Bornholmer). Ein Marktflecken, malerisch, freundlich, überschaubar im alten Zentrum. 3 km von Nord nach Süd, 2 km von West nach Ost. Noch immer beherrscht Fachwerk das Stadtbild, senkrechte und waagerechte Balken ohne Schrägen geben der Architektur Ruhe und Harmonie. Fachwerk hält auch die weiße Kirche über dem Hafen zusammen, die den Seeleuten – und den erwartungsfrohen Urlaubern auf den Fährschiffen – als zweites Richtzeichen neben dem Leuchtturm gilt. Die verbriefte Geschichte der kleinen Hauptstadt beginnt im 13. Jh. Aber schon um das Jahr 1000 soll um den heutigen Kirchplatz herum eine Fischersiedlung gestanden haben. Bis um die Mitte des 16. Jhs., als die Lübecker den Bornholmern während ihrer 50 Jahre dauernden Herrschaft mit der Steuerschraube das Leben sauer machten, war Rønne rasch gewachsen. Danach, mit dem Niedergang des Ostseehandels und der Heringsfischerei, ging die Bedeutung der Stadt zurück. Erst im 18./19. Jh., als Keramikfabriken und Uhrenmanufakturen für kurze Zeit eine Art Wirtschaftsboom auslösten, wuchs die Stadt und mit ihr die Einwohnerzahl. Und im 20. Jh. schließlich siedelte sich vor allem im Norden der Stadt Industrie an; das alte Rønne blieb weitgehend intakt. Viele größere Häuser an der Straße Snellemark, die das Hafenviertel mit dem Zentrum verbindet, stammen aus der Zeit nach dem Zweiten Weltkrieg. Hier standen mehrere der 212 Gebäude, die am 7. und 8. Mai 1945 von russischen Bomben zerstört wurden.

Kleine Fischerboote und Yachten im Hafen von Rønne

SEHENSWERTES

ALTSTADT ★

Treff- und Ausgangspunkt sollte stets der lebhafte Marktplatz *(Store Torv)* sein, und dort am besten die eigenwillige Skulptur, die der im Norden der Insel lebende Japaner June-Ichi Inoue im Jahr 2000 zur Erinnerung ans Millenium geschaffen hat. Sie soll die Geschichte und ständige geistige Weiterentwicklung des Menschen symbolisieren. Außerdem ist sie eine perfekte Jahresuhr: Jeweils am 24. Juni, zur Mittsommerzeit, scheint die Sonne genau durch den Schlitz der raffinierten Skulptur. Bummeln Sie Richtung Hafen (Straße Snellemark) herunter, nach links in die *Storegade* zum Kirchenplatz. *Kirkestræde, Larsegade* und *Vimmelskaftet* können die weitere Route markieren (Vimmelskaftet 11: das kleinste Haus der Stadt). Neben *Store Hansstræde 3* gedeihen Mandel-, Aprikosen- und Feigenbäume. Von *Rennegade* geht der Weg durch stille Straßen, weiter über *Lille Mortensgade, Slippen* und *Bagergade* zur *Søndergade* (Nr. 14: das ehemalige Kaufmanns- und Lagerhaus des Reeders Hansen aus dem Jahr 1813 mit Ausguck in der Mansarde) und zur Hauptwache (1744 aus Steinen der Hammershusruine erbaut). Von der Søndergade, vorbei am alten Theater, kommen Sie wieder zurück zum Markt.

Auch Rosen lieben das Inselklima

Ein zweiter Bummel würde den Norden der Altstadt entdecken: *Laksegade* mit *Erichsens Gaard, Rosengade,* Ecke Storegade mit dem Kommandantenhof (im Innenhof Maulbeerbäume), Storegade, einst die Straße der feinen Leute (Nr. 36, der Amtmannhof, zeugt heute noch von

MARCO POLO HIGHLIGHTS

★ Altstadt
Auf Entdeckungstour durch die Gassen der Hauptstadt (Seite 33)

★ Erichsens Gård
Abtauchen ins 19. Jh.: original eingerichtetes altes Bürgerhaus (Seite 34)

★ Ny Kirke
Die kleinste und wohl schönste der vier Rundkirchen (Seite 40)

★ Grønbechs Gaard
In Hasle stellen über 30 sehr gute Kunsthandwerker aus (Seite 41)

★ Hasle Røgeri
Nennt sich Museum: lehrreich und nahrhaft (Seite 42)

★ Jons Kapel
Dramatische Szenerie: Felsen und Grotten an der Steilküste (Seite 44)

diesem Wohlstand); in Nr. 30 war 1658 Oberst Printzenskjöldt festgesetzt, der kurz darauf ermordet wurde – Auftakt zur Befreiung der Insel von schwedischer Besatzung. *Grønnegade, Fiskerstræde, Krystalgade, Havnegade:* malerische Winkel für Fotografen, Maler und geschichtsbewusste Entdecker.

Wer Rønnes Geschichte und die schönsten Ecken in netter Gesellschaft kennenlernen möchte, sollte sich der Stadtwanderung anschließen, die Brigitte Krähmer meistens am Dienstagabend ab Sct. Nicolai *(genaue Termine immer in Denne Uges)* mit großer Kenntnis und viel Witz durchführt. Gruppen, Cliquen und Großfamilien können mit der charmanten Rostockerin auch individuelle Termine absprechen. *Tel. 56 48 41 41 | 30 dkr*

Insider Tipp

BORNHOLMS MUSEUM [U D3]

Die Sammlungen zeigen Funde aus der Frühgeschichte, geologische, zoologische und völkerkundliche Exponate und geben Einblick in die „gute alte Zeit" (mit einem Tante-Emma-Laden, einer Arztpraxis und Wohnstuben). Die wertvollsten Exponate des Museums sind wohl die „Goldgubber", das sind 2300 kleine, in hauchdünnes Blattgold geprägte Figuren, die 1985 in der Nähe von Svaneke gefunden wurden. Sie stammen aus der Zeit um 500–600 n. Chr. und stellen sehr wahrscheinlich Weihegaben dar. *Sct. Mortensgade 29 | Mitte April–Mitte Okt. Mo–Sa 10–17, im Winter 13–16 Uhr | Eintritt 35 dkr | www.bornholmsmuseer.dk/bhmuseum*

ERICHSENS GÅRD ★ [U C2]

Erichsens Hof *(gård* heißt Hof, nicht Garten) ist eine Dependance von Bornholms Museum. Das großzügige, aber nicht protzige Bürgerhaus im alten Viertel zwischen Markt und Hafen, 1806 als Tabakfabrik erbaut, 1840 erweitert, war über 100 Jahre der Wohnsitz der Familie des Kanzleirats Thomas Erichsen. Delikat sind die Legenden um Künstler und Le-

> DENNE UGES BORNHOLM

Unentbehrlich für jeden Bornholmtouristen

Wer nach Bornholm kommt und wissen möchte, wo was wann und wie läuft, sollte sich gleich zu Beginn seines Aufenthalts eine „Denne Uge Bornholm" besorgen. Diese kostenlose Urlauberzeitung in Journalform bekommt man in allen Touristeninformationen, Hotels, Gaststätten, Supermärkten und auch andernorts. Im Sommerhalbjahr erscheint sie wöchentlich, sonst eher alle zwei bis drei Wochen. Sie informiert in mitunter unterhaltsamer Form stets aktuell über nahezu alle wichtigen Aktivitäten und Veranstaltungen auf der Insel, und alle Beiträge sind stets auch in deutscher Sprache abgefasst. So können Sie sich schnell und bequem ein abwechslungsreiches Programm nach eigenem Geschmack und Wünschen zusammenstellen. Damit wird diese Zeitung nicht nur für alle interessant, die zum ersten Mal die Insel besuchen, sondern ist gerade auch bei Bornholms Stammgästen sehr beliebt.

benskünstler, die mit diesem Haus und seinen früheren Bewohnern in Verbindung standen: Erinnert wird mit besonderen Räumen an Holger Drachmann (1846–1908), den Malerpoeten aus der weltberühmten Skagener Kolonie, der Erichsens Tochter Vilhelmine, genannt Belli, heiratete; an Kristian Zahrtmann (1843–1917), auch er malte die schöne Vilhelmine; und an Elisabeth Zahrtmann, seine Schwester, die wiederum einen Erichsen-Sohn ehelichte. *Laksegade 7 | Mitte Mai–Mitte Okt. Di–Sa 10–17 Uhr | Eintritt 40 dkr | www.bornholmsmuseer.dk/erichs*

Das einstige Bürgerhaus Erichsens Gård ist heute Museum

FORSVARSMUSEET [U C5]

Wer sich für Militärgeschichte interessiert, findet im Verteidigungsmuseum Waffen, Uniformen und Modelle von Festungen. Die Sammlungen erzählen von der Verteidigung der Insel in früheren Zeiten bis hin zum Ende des Zweiten Weltkriegs. Ein paar Schritte in Richtung Süden steht der Kastellturm, 1688 auf dem *Galløkken*, dem alten Galgenhügel, errichtet. Er blieb von einer Zitadelle übrig, die niemals fertig gestellt wurde. *Arsenalvej 8 | Galløkken | Mai bis Mitte Okt. Di–Sa 11–17 Uhr | Eintritt 40 dkr*

HJORTHS FABRIK [U C3]

Auch Hjorths Fabrik ist eine Dependance von Bornholms Museum: eine gelungene Mischung aus arbeitender Werkstatt, Museum, Galerie und Verkaufsraum. Das Haus stammt aus dem Jahr 1859 und bietet einen guten Überblick zur Geschichte der industriellen und künstlerischen Keramikherstellung auf Bornholm. *Krystalgade 5 | ab Ostern Mo–Fr 10–16, Ausstellungen auch Sa 10–13 Uhr | Eintritt 40 dkr*

SCT. NICOLAI **[U C4]**

Die Stadtkirche von Rønne ist dem Patron der Seefahrer, dem heiligen Nikolaus, geweiht. Sie stammt nur in ihren Ursprüngen aus dem 13./14. Jh. Das heutige Gesicht entstand nach 1915, als sie komplett umgebaut und auch im Innern so renoviert wurde, dass die Fachleute von einem Neubau sprechen. Alt sind unter anderem der gotische Taufstein, die Empore (1721) und zwei der drei Glocken. Konzerte, die in diesem Gotteshaus während der sommerlichen Festivalzeit stattfinden, sind wegen der guten Akustik und der anheimelnden Atmosphäre sehr gefragt.

ESSEN & TRINKEN

FISKEN/DI 5 STAUERNA **[114 B3]**

Rønnes Gourmetlokal im Hotel Fredensborg. Qualität, Ideen, Service, Preise: alles auf hohem Niveau, und das seit vielen Jahren. *Strandvejen 116 | Tel. 56 95 44 44 | kein Ruhetag |* €€€

FYRTØJET **[U C2]**

Originelle Einrichtung, originelle Speisen, Spezialität: Grillgerichte auf heißem Bornholmer Granitstein. Chefin Gitte Unger sorgt für netten Service und gute Stimmung. *Store Torvegade 22 | Tel. 56 95 30 12 | Mo geschl. |* €€

CAFÉ GRAACK **[U C3]** Insider Tipp

Lokal in der ehemaligen Töpferei. Gut für Snacks und zur Kaffeezeit (leckerer, hausgebackener Kuchen). Schöner Atriumgarten mit kleinem Teich. Bent und Susie sind sehr nette Wirtsleute. *Store Torvegade 1/Lakse-*

Manches können Sie auch kaufen: Keramikarbeiten in Hjorts Fabrik

torv (am Ende der Fußgängerzone) | kein Ruhetag

CAFÉ GUSTAV [U C3]

Beliebter Pausenplatz am Markt, Bier vom Fass, guter Cappuccino, beste *Kringler* (Plundergebäck). *Store Torv 8| Tel. 56 91 00 47 | kein Ruhetag.* Angeschlossen ist eine Art Nachtclub/Diskothek *(Annabelle),* ein Jugendtreff, wo es vor allem am Wochenende hoch her geht.

POVL P. [U C3]

Das Lokal, das sich im Sommer 2010 in der „Fressmeile" am Laksetorvet etabliert hat, heißt nach seinem Besitzer, dem in Dänemark bekannten Künstler Povl „Pava" Lausen. Es ist eine originelle Mischung aus Internetcafé und Restaurant mit einer ambitionierten Speisekarte im sogenannten Loungebereich. Der Küchenchef will seine Gäste mit dänischen Spezialitäten aus heimischen Produkten überzeugen. Klassische Musikabende und Jazz runden das Programm ab. *Store Torvegade 29 (Fußgängerzone) | Tel. 28 77 60 40 | tgl. 12–17 und 18–21 Uhr* | €€

RÅDHUSKROEN (HANSENS BØFHUS) [U C3]

Rønnes bestes Steaklokal, gemütlich und nicht zu teuer; im Sommer sitzt man draußen und schaut dem Markttreiben zu. *Nørregade/Torv | Tel. 56 95 00 69 | kein Ruhetag* | €€

VICTORIA (GRIFFEN) [U C2]

Der Blick auf die Ostsee, sowohl von der Terrasse als auch vom Restaurant aus, ist großartig, die Leistungen aus der Küche sind für Bornholmer Verhältnisse herausragend. Es werden vorwiegend Produkte von der Insel verwendet, beim „Sonnenuntergangsmenü" (17–21 Uhr) sogar ausschließlich. Ein schöner Platz für romantisch veranlagte Gourmets. *Norder Kystvej 34 | Tel. 56 90 42 44 | www.bornholmhotels.dk | Mai–Sept. tgl. ab mittags* | €€€

EINKAUFEN

BENT SVENDBORG PETERSEN (BORNHOLMER UHREN) [U E1]

Seit 1994 setzt Bent die Tradition seines Vaters Aage fort, der nach dem Zweiten Weltkrieg mit dem Nachbau der in aller Welt berühmten Bornholmer Standuhren begonnen hatte. Schauen Sie unbedingt mal in seine Werkstatt, staunen Sie über die unglaubliche Vielzahl an Schräubchen und Rädchen, die in wochenlanger Tüftelarbeit zu einem Kunstwerk zusammengesetzt werden. Bis gegen 1900 amerikanische Wanduhren die guten alten Bornholmer Standuhren verdrängten, gab es über 50 Uhrmacher allein in Rønne; sie lieferten jährlich etwa 330 Großuhren nach Kopenhagen, weitere 150 ins übrige Dänemark und ins Ausland. Heute bauen und verkaufen Bent und seine vier Mitarbeiter immerhin 30 bis 40 Standuhren pro Jahr. *Torneværksvej 26 | zwischen Schwimmhalle und Bowlingbahn*

KUNSTHANDWERK

EVA BRANDT [U C4]

Bewährt und renommiert: Die Keramikerin Eva Brandt aus Jütland hat sich auf Steingut in klassischen Formen und Farben spezialisiert. *Larsegade 23*

ÜBERNACHTEN

FREDENSBORG/RADISSON SAS [114 B3]

Für viele noch immer das beste Hotel der Insel. Die Zimmer: groß und komfortabel, der Service: freundlich und bemüht. Auch Tagungsgäste schätzen die ruhige Stadtrandlage am Meer und im Grünen. Kein Strand. *Strandvejen 116 | Tel. 56 95 44 44 | Fax 56 95 03 14 | www.hotelteambornholm.dk* | €€€

GRIFFEN [U C2]

Bornholms größtes Hotel, unter gleicher Leitung wie das Fredensborg: Hallenbad, Bar, ein gutes Restaurant, oft Tanztee (sehr beliebt bei der reiferen Jugend), jedoch kein Strand. Es liegt an einer Hauptstraße, ist aber gut schallisoliert. *148 Zi. | Nordre Kystvej 34 | Tel. 56 95 51 11 | Fax 56 95 52 97 | www.bornholmhotels.dk/griffen* | €€€

>LOW BUDGET

> Bei *Jem & Fix,* einem dänischen Baumarktdiscounter, gibt es nicht nur Werkzeuge, Farben und Baumaterial zu günstigen Preisen, sondern auch so manches *Tilbud* (Sonderangebot, Schnäppchen) für Freizeit, Spiel und Sport. *Rønne | Aakirkebyvej 53* [U E4]

> Für Trödel- und Antikfreunde ist *Lossen 1* zu empfehlen. Billiger kann man alte und antike Gebrauchtwaren nicht mehr bekommen. Man muss allerdings dabei ein bisschen Glück haben, denn auch die Bornholmer kennen und lieben diesen Laden in Rønne. *Almindingensvej 15* [U E3]

JUGENDHERBERGE [U C5]

Schön und ruhig gelegen (hinter dem Verteidigungsmuseum). *Arsenalvej 12 | Tel. 56 95 13 40 | www.danhostel.dk* | €

DET LILLE HOTEL [U C3]

Kleines familiengeführtes Stadthotel zwischen Lille und Store Torv; hell und freundlich eingerichtete Zimmer. Besonderer Service: gratis Internet, Kaffee und Tee. *Ellekongstræde 2 B | Tel. 56 90 77 00 | www.dlhb.dk* | €–€€

RYTTERGÅRDEN [114 B3]

Freundliches Ferienhotel mit 130 großen Zimmern und 28 Ferienwohnungen, in der Nähe des Hotels Fredensborg. Ein guter Strand ist etwa 200 m entfernt (andere Straßenseite) Schwimmhalle, Tennisplätze, Reitstall. *Strandvejen 79 | Tel. 56 95 19 13 | Fax 56 95 19 22 | www.hotelryttergaarden.dk* | €€–€€€

AM ABEND

Es hat sich etwas getan, Rønne ist lebendiger geworden. Das gilt vor allem für die junge Musikszene. Die älteren Semester bleiben auf brave Tanztees in den großen Hotels angewiesen. Die Beliebtheit der Diskos und Clubs wechselt rasch. Aber vielleicht trifft man sich doch noch immer in der Bierbar *Café 18,* auch Krydset, Kreuzung, genannt, *Krystalgade 18,* bevor es auf die Piste geht. Zum Beispiel in die Disko *Den røde Baron, Sct. Mortensgade 48, ab 23 Uhr,* ins *Palæcafeen, Store Torvegade 20* oder, freitags und sonnabends, ins *Café Gustav* am Marktplatz, wo besonders heiße Scheiben aufgelegt werden, oder den Irish Pub *O'Malley* an der *Torvegade 2* in Rønnes Fußgängerzone (nettes, nicht ganz so junges Publikum). Abwechslungsreicher ist das Programm im ▶▶ *Musikhuzet*, auch am Markt *(Store Torv 6)*. Dänemarks beste Bands spielen hier z. B. Rock, Salsa, Punk und Blues *(www.musikhuzet.dk)*.

Insider Tipp **THEATER** [U C3]

Hinter dem schlichten Fachwerkhaus im historischen Südviertel verbirgt sich Dänemarks ältester Musentempel. Seit der Premiere am 29. November 1823 hat sich so gut wie nichts verändert. Auch wenn nur in dänischer Sprache (oder in Bornholmer Mundart) gespielt wird, lohnt sich der Besuch: Die fröhliche Plüschatmosphäre nimmt auch Gäste gefangen, die nicht allen Details der meist heiteren Handlung folgen können. *Tel. 56 95 07 32 | www.roennetheater.dk*

Hafen und Kirche von Rønne

AUSKUNFT

BORNHOLMS VELKOMSTCENTER [U B3]

Hier werden viele Fragen freundlich und auf Deutsch beantwortet. Umfangreiches und sehr detailliertes Informationsmaterial liegt aus. *Nordre Kystvej 3 | Tel. 56 95 95 00 | Fax 56 95 95 68 | www.bornholm.info*

ZIELE IN DER UMGEBUNG

ARNAGER [115 D4]

Der Hafen vor dem alten Fischer- und Bauerndorf, 6 km südlich von Rønne, ist eine kleine Sehenswürdigkeit: Er wurde 1884 wegen der Versandungsgefahr weit draußen im Meer angelegt, 200 m von der Steilküste entfernt. Eine Holzbrücke verbindet den Anleger mit dem Ort. Hier nisten Uferschwalben und andere seltene Vögel; zwischen der Sosebucht und Madsegrav *(Fosforitten)* am Arnagerstrand wechseln sich diverse Gesteinsschichten ab, ein Bilderbuch der Erdgeschichte. Schließlich ist das *Ganggrab (Jættestue)*, ein beliebtes Ausflugsziel. Es wurde erst vor etwa 60 Jahren freigelegt; 25 Menschen hatten in der Jungsteinzeit (um 2500 v. Chr.) hier ihre letzte Ruhe gefunden. Der Weg dorthin ist vom Ortseingang ausgeschildert.

KNUDS KIRKE [114 C2]

Nur 4 km von Rønne entfernt, in der nach der Kirche benannten Siedlung Knudsker, steht Bornholms kleinste Kirche, Ende des 12. Jhs. im romanischen Stil erbaut. Der große, schlichte Taufstein und der schöne Holzaltar vonr 1596 mit fast naiv anmutender Malerei lohnen den Abstecher.

NY KIRKE ★ [114 C1]
Kleinste Rundkirche, 6 km nordöstlich von Rønne im Dörfchen *Nyker.* Der wunderschön bemalte Fries auf der dicken Mittelsäule verdient besondere Beachtung. Das genaue Baujahr ist unbekannt, liegt aber wohl wie bei den anderen Rundkirchen vor 1150. Die Kanzel wurde um 1610 geschnitzt. Der Glockenturm steht wie üblich allein. Gleich neben der Kirche, in einer alten Schmiede (1860), hat die Textilkünstlerin *Bente Hammer* ihre Werkstatt mit Verkaufsraum. *Nyker Hovedgade 32*

HASLE

[110 B5] **Die knapp 2000 Einwohner sind wohl die stolzesten Bornholmer: Hier formierte sich Mitte des 17. Jhs. der Widerstand gegen die Schweden.** Auf dem Marktplatz *(Torvet)* erinnert ein Stein an die Rebellion, die 1658 zum Abzug der schwedischen Besatzer führte. Die Anführer stammten alle aus Hasle: Povl Anker, Jens Kofoed, Peder Olsen und Niels Gumløse. Die Bronzebüste vor dem *Rathaus* zeigt König Christian X., den Großvater der jetzigen Königin Margrethe II.

Das Rathaus auf dem Markt, 1855 im Empirestil erbaut, ist der ideale Ausgangspunkt für einen *Stadtrundgang.* Bummeln Sie zum Hafen hinunter, über Toldbodgade, Rådhusgade oder Havnegade, wieder ins Zentrum zurück, dann über Storegade, Præsteg, Kirkegade zur sehr hübschen gotischen *Stadtkirche:* ein geduckter Fachwerkturm auf einem Sockel aus Feldsteinen. Sehenswert sind der Flügelaltar, eine Lübecker Arbeit aus dem 15. Jh., und die Renaissancekanzel (1610). Auf dem

> BLOGS & PODCASTS

Gute Tagebücher und Files im Internet

- > *www.travelpod.com/travel-blog-city/Denmark/Bornholm/tpod.html* – Reiseblogs zu Bornholm sind (noch) rar gesät, aber hier finden Sie zumindest einige aktuellere Berichte, allerdings in englischer Sprache.
- > *http://wordpress.com/tag/bornholm* – Blog ebenfalls in Englisch; hier gibts kurze Texte zu verschiedenen Themen und, ebenfalls thematisch geordnet, viele Fotos.
- > *www.youtube.com* – Auf dieser allseits bekannten Seite finden Sie unter dem Suchbegriff „Insel Bornholm" einige nette Filmbeiträge von Bornholmtouristen.
- > *www.tv2bornholm.dk* – Leider nur auf Dänisch, jedoch stets aktuell und sehr inselspezifisch sind die Informationen und Videos auf der Website des regionalen Fernsehens von Bornholm.

Für den Inhalt der Blogs & Podcasts übernimmt die MARCO POLO Redaktion keine Verantwortung.

Friedhof neben der Kirche liegt Vilhelm Herold begraben, ein um 1900 berühmter Operntenor. Er gilt den Haslingern als eine Art Lokalmatador. Was an ihn erinnert, ist allerdings in Bornholms Museum in Rønne zu bewundern. Die Umgebung der Stadt, vor allem nach Süden zu, ist durch

Im Innern der kleinsten Bornholmer Rundkirche, der Ny Kirke

Steilküsten, Seen und geologische Besonderheiten gekennzeichnet. Die Klinkerfabrik am Smaragdsø ist Bornholms größter Industriebetrieb. Auch Granit, das Fundament der Insel, spielt eine große Rolle. Mehr als 100 000 t werden jedes Jahr von Hasle aus verschifft.

SEHENSWERTES

BROGÅRDSSTEN

2 km östlich an der Straße nach Klemensker steht der größte Runenstein der Insel (2,67 m hoch, 1,40 m breit). Bis 1868 diente er als Brücke über das Flüsschen Baggeå. Die Inschrift (um 1100 herum eingemeißelt) heißt übersetzt: „Svenger ließ diesen Stein errichten, für seinen Vater Toste, seinen Bruder Avlak, seine Mutter und seine Schwester". Nun rätseln alle, warum die Frauen namenlos geblieben sind.

GRØNBECHS GAARD ★

Ein Muss für jeden Kunstliebhaber. Im Haus des Kunsthandwerks, einem ehemaligen Lagerhaus aus dem 19. Jh. in der Altstadt von Hasle, stellen alle namhaften Künstler der Insel aus: Glasbläser und Keramiker, Textil- Metall- und Holzkünstler, Gold- und Silberschmiede, über 60 insgesamt. Die meisten sind in der

ACAB organisiert, der *Arts & Craft Association Bornholm.* Wer den strengen Regeln dieser Kooperation genügt, hat auch das Vertrauen der Kunden verdient. Die ständige Präsentation wird durch wechselnde Ausstellungen ergänzt. *Ende März bis Anfang Nov. tgl. 10–17 Uhr |* ein Appetitanreger für die Besucher, die sich nebenan ihren Fisch auf traditionelle Art räuchern lassen. *Søndre Bæk | unterhalb von Jugendherberge und Campingplatz | Mai/ Juni 10–18, Juli–Mitte Aug. 10–19, Mitte Aug.–Sept. 10–18, Okt. 10–15 Uhr | Eintritt frei*

In den Heringsräuchereien bringt nur Erlenholz das richtige Aroma

Eintritt 45 dkr | www.groenbechsgaard.dk

HASLE RØGERI ★

Eine von fünf alten Räuchereien, die alle in einer Reihe stehen, wurde zum Museum ernannt. Dort lässt sich anhand einiger Gerätschaften und Fotos nachvollziehen, wie vor 100 Jahren aus silbernen Heringen Bornholmer Gold wurde – nämlich auf ungefähr die gleiche Art wie heute. Das bescheidene Museum ist eigentlich nur

ESSEN & TRINKEN

Wer in der Räucherei nicht satt geworden ist (oder keinen Fisch mag), kann den kleinen Hunger in *Thorsens Konditorei (Grønnegade 1)* oder, besonders sympathisch, bei Christina Lind im *Café Emajoka* stillen *(Havnen 8).* Insider Tipp

EINKAUFEN

ANTIKLADEN

Insider Tipp

Jette und Preben führen diesen netten Laden. Wer hier stöbert, findet alte

Bornholmer Keramik, viel Silber und diverse schöne Kleinigkeiten aus dem 19. und frühen 20. Jh. *Siegårdsvej 2*

RAVNSBORG KERAMIK

Marianne Klithammers kleiner Laden an der Hauptstraße hinter Hasle Richtung Norden ist eine Fundgrube für Keramik, Kerzen u. a. *Borrelyngvej 3*

KUNSTHANDWERK

IB HELGE

Der renommierte Bildhauer und Maler formt eigenwillige Skulpturen, neuerdings nur noch aus Bornholmer Granit. Zu seinem weißen Fachwerkhaus gehört ein zauberhafter Bauerngarten, in dem einige seiner Werke ausgestellt sind. *Tgl. geöffnet, ohne feste Zeiten | Bæla 4 | kurz vor Helligpeder, Strandvejen Richtung Allinge*

ÜBERNACHTEN

HASLE CAMPING

Der Platz in schöner Lage am südlichen Ortsrand wurde im Sommer 2010 kräftig aufgewertet. Die neuen Besitzer Kim Sørensen und Ole Larsen haben aus einem reinen Zelt- und Caravanplatz ein kleines Erlebniszentrum gemacht, in dem in der Saison jede Woche Veranstaltungen für alle (also nicht nur für Camper) stattfinden. Komfortable Hütten, ein gut ausgestatteter Spielplatz und ein familienfreundliches Restaurant (€–€€) gehören auch dazu. *Fælledvej 30 | Tel. 569 94 53 00 | www.hasle-camping.dk*

HASLE FERIEPARK

72 Ferienwohnungen von jeweils 45 m² Fläche in schöner Lage, mit Schwimmbad, Tennisplatz, Sauna, Minimarkt und einem Restaurant *(tgl. 11–21 Uhr | €€). H. C. Sierstedsvej 2 | Tel. 56 96 45 22 | Fax 56 96 52 30 | www.familieferiebornholm.dk*

HOTEL HEROLD

Gemütliches Familienhotel mit Aussicht. Aus dem angeschlossenen Restaurant (bürgerliche, fischorientierte Küche mit gutem Preis-Leistungs-Verhältnis, mittags geschl., €–€€) bietet sich ein schöner Blick aufs Meer. *Vestergade 65 | Tel. 56 96 40 24 | Fax 56 96 53 40 | www.hotelherold.dk | €€*

JUGENDHERBERGE (VANDRERHJEM)

Hier fühlen sich auch ältere Gäste sehr wohl. Das liegt an den renovierten Zimmern, der tollen Lage (100 m von einem schönen Sandstrand entfernt) und nicht zuletzt an den liebenswerten Herbergseltern Miriam und Peter Hjorth Hansen, die dieses *Vandrerhjem,* wie die Dänen ihre Jugendherbergen nennen, im Sommer 2009 übernommen haben. *Fælledsvej 28 | Tel. 56 94 00 11 | www.danhostel-hasle.dk | €*

RUTSKER FERIECENTER

Etwa 5 km nördlich von Hasle. Nach abgeschlossenem Um- und Neubau seit 2007 u. a. 12 neue Luxusapartments vom Feinsten und eine komplette Indoor-Golfanlage. Frühstück kann gebucht werden, Sonderabsprachen bezüglich Verpflegung sind möglich. *Kirkevej 6–12 | Rutsker | Tel. 56 96 90 60 | www.rutskerferie.dk | €€–€€€*

AUSKUNFT

HASLE TURISTBUREAU

Havnegade 1 | Tel. 56 96 44 81 | www.hasle-turistbureau.dk

ZIELE IN DER UMGEBUNG

HELLIGPEDER/TEGLKÅS [110 B3–4]

Um nach Helligpeder und Tegelkås zu gelangen, benutzt man am besten aus Hasle kommend die erste dorthin ausgeschilderte Landstraße. Sie schlängelt sich die Küste entlang, vorbei an idyllisch gelegenen Häuschen und Gärten.

Das Örtchen Helligpeder ist wohl der kleinste Ort mit dem kleinsten Hafen der Insel, dafür aber wirklich einen Besuch wert. Und das die wenigen Einwohner dort Witz und Humor haben kann man am Ortseingang lesen, wo jemand auf dänisch das Straßenschild mit der Aufschrift versehen hat: „Ja – das ist Helligpeder", womit beim Besucher alle Zweifel ausgeräumt werden sollen, es handle sich hier nicht um einen richtigen Ort. Die Straße führt weiter nach Tegelkås, dem schon etwas größeren Ort, dem es ebenfalls an Idylle nicht mangelt. Am Ende des Weges angekommen, befindet sich dort ein kleiner Parkplatz, von wo man auf einem steilen Wanderweg nach etwa 20 Minuten Jons Kapel erreichen kann. *3–4 km nördlich*

JONS KAPEL ★ [110 C3]

Gut 5 km nördlich von Hasle gelegen. Wem die Wanderung vom Parkplatz bei Tegelkås zu anstrengend ist, der kann mit dem Auto oder Fahrrad die ausgeschilderte Straße nach Jons Kapel benutzen. Hier trifft man allerdings auch auf Reisebusse und viele Gruppen, auf deren Programm dieses Ausflugsziel immer angesteuert wird. Vorteilhaft ist hier aber auf jeden Fall der bequeme Feldweg, auf dem man bereits nach ca. 10 Minuten sein Ziel erreicht und gleich mit einem phantastischen Ausblick, bei guter Sicht bis nach Schweden, belohnt wird. Auf 108 Stufen geht es dann hinab durch eine Kluft bis hin zum Kanzelfelsen, von wo aus in grauer Vergangenheit der Mönch Jon den Fischern gepredigt haben soll. Etwas unterhalb des Felsen kann man die kleine Grotte sehen, in der der Einsiedler gelebt hat. Wem die steile Felsenküste hier gefällt und wer dies einmal in aller Ruhe wahrhaft genießen möchte, der sollte an einem sonnigen Sommerabend hierherkommen. Ein phantastischer Sonnenuntergang, Farbspiel an Felswänden und im Meer und kreisende Möwen bieten ein wunderbares Schaupiel.

RUBINSØ UND SMARAGDSØ [110 B–C 5–6]

Der bis zu 40 m tiefe Rubinsø liegt wie das verwunschene Gewässer aus einem alten Märchen mitten im Lustwald *(Lystskov)*, nur ein paar Hundert Meter südlich vom Zentrum Hasles. Wer würde wohl vermuten, dass es sich bei diesem Kleinod um eine vollgelaufene Kohlengrube handelt? Zwischen 1942 und 1948 wurden hier über 30 000 t Kohle aus der Erde geholt. Die Strände zwischen Rønne und Hasle sind nicht so breit und nicht so feinsandig wie die bei Dueodde oder Balka. Aber sie sind ruhig und liegen unterhalb einer wunderschönen Wald- und Seenlandschaft. Eingebettet in dieses Gebiet, etwa 600 m vom Strand entfernt, ist

Jons Kapel: schöne Aussicht nach dem steilen Aufstieg

das sehr schöne Ferienzentrum Rubinsø. Die 41 Komforthäuser werden von Anette Kofoed verwaltet, einer engagierten und freundlichen Bornholmerin, die gern gute Tipps über ihre Heimatinsel weitergibt. Auch der dunkelgrüne Smaragdsø weiter südlich ist nicht natürlichen Ursprungs, sondern eine ehemalige Tongrube.

RUTS KIRKE **[110 C4]**

Die höchstgelegene Inselkirche (130 m über dem Meer) wurde um 1200 im romanischen Stil erbaut, gegen Ende des 19. Jhs. umgebaut und bei dieser Gelegenheit um einen neuen Turm ergänzt. Frei neben der Kirche steht Bornholms ältester Glockenturm. Im 17. Jh. war Povl Anker, einer der Freiheitshelden im Kampf gegen die Schweden, hier Pastor. *4,5 km nordöstlich von Hasle*

VANG **[110 C3]**

Der kleine Ort Vang liegt 12 km nördlich von Hasle, und wer die Hauptstraße hinunter zum Hafen benutzt, kommt sich vor wie auf einer Serpentinenstraße der Alpen, denn steil schlängelt es sich bergab, sodass das Fahrradfahren abwärts sogar verboten ist. In der Nähe wird heute noch Granit abgebaut und verschifft. Besonders lohnend ist eine etwa dreistündige Wanderung von Jons Kapel entlang des Küstenwanderwegs bis hin nach Vang und anschließend über die *Ringbakker* und *Ringdalen* zurück. Phantastische Ausblicke, eine zu überquerende alte Eisenbrücke, die kleine Wassermühle von Vang und ein manchmal abenteuerlich anmutender Waldweg über die Ringbakker und durchs Ringdalen lassen diese Wanderung zu einem echten Erlebnis werden. In Vang bietet das Restaurant *Le Port (Vang 81 | Tel. 56 96 92 01 | www.leport-bornholm.dk | kein Ruhetag | €€€)* eine sehr gute Küche mit Blick auf die Ostsee und dazu in den Abendstunden einen Sonnenuntergang der Extraklasse.

Insider Tipp

> BORNHOLMER RIVIERA UND DER HAMMER AN DER SPITZE

Eine mächtige Burgruine, verwunschene Seen, heilige Klippen – und gemütliche Badeorte mit dem Charme von gestern

> Die Nordkappe: gerade mal 12 km von Helligdommen bis Sandvig, höchstens 4 km von den Stränden bei Sandkås bis Hammeren, dem Knubbel, der wie eine Halbinsel im Nordwesten an Bornholm hängt. Dieses ist die bei weitem kleinste, aber womöglich die vielfältigste aller Bornholmer Regionen.

Nirgendwo wechselt auf so kurze Distanz die Landschaft so rasch, nirgendwo sind aufregendere, gewaltigere Relikte der Vergangenheit zu bewundern, nirgendwo liegen die Stille einer märchenhaften Fels- und Seenlandschaft und der maßvolle Trubel einer traditionsreichen Badeküste so nah beieinander.

Hier oben, wo Bornholm schon immer Spitze war, hat auch der Fremdenverkehr angefangen. Ende des 19. Jhs. reisten wohlhabende Deutsche zur Erholung nach Allinge, bald darauf auch in die Nachbarorte; der Begriff von der „Bornholmer

Bild: Nordspitze von Bornholm

DER NORDEN

Riviera“ setzte sich durch, halb stolz, halb spöttisch gemeint.

ALLINGE-SANDVIG

[111 D1–2] Beide Orte sind mit Fischfang und Heringshandel groß und mit dem Niedergang dieser Ertragsquellen vor 200 Jahren wieder bedeutungslos geworden, bis der Fremdenverkehr begann.

SEHENSWERTES

Idealer Ausgangspunkt für einen Rundgang durch beide Ortsteile ist das Verkehrsbüro von Nordbornholm. Es hat seinen Sitz in Allinge, in der *Kirkegade,* nur ein paar Meter von der Post, vom ehemaligen Rathaus und von der Kirche entfernt. Das Gotteshaus von Allinge war ursprünglich nur eine Kapelle, vermutlich um 1500 errichtet. Vor gut 100 Jahren wurde sie zur „richtigen“ Kirche ausgebaut.

Der gemütliche *Lindeplads,* die *Østergade,* nach Süden zu die *Løsebækgade* und ein paar kleinere Gassen in der Nachbarschaft sind von hübschen Fachwerkhäusern und freundlicher Kleinstadtatmosphäre

Felszeichnung aus der Bronzezeit

geprägt. In der *Havnegade,* dem Flaniersträßchen am Hafen, treffen sich Segler und andere Touristen zum Café- und Boutiquenbummel.

Mehrere Wege führen nach Norden, zur kleinen Schwestergemeinde Sandvig. Besonders schön ist der Rad- und Fußpfad über die alte Bahntrasse. Da lässt sich gleich ein Abstecher nach *Madsebakke* einbauen. Das ist Dänemarks größte und bedeutendste Felsfläche mit Symbolen und Zeichnungen aus der Bronzezeit. Sie hatten damals – zwischen 1800 und 500 v. Chr. – vermutlich einen kultisch-religiösen Sinn. Wissenschaftliche Außenseiter meinen allerdings, dass sie das „Lehrmaterial" für eine Nautikschule der Wikinger gewesen seien. Kaum zu glauben, aber wahr: 2004 entdeckte hier Mogens Jensen von Bornholms Museum auf einem Felsen mit Blick auf Ostsee und Erbseninseln bisher unbekannte Zeichnungen, das größte und nun bedeutendste Feld mit „Comics aus der Vergangenheit" überhaupt. Dazu gehören Schiffstypen, wie man sie bisher auf Bornholm noch nicht auf Felsen gemalt gesehen hat. Auch sie stammen aus der Bronzezeit, sind etwa 2600 Jahre alt.

Insider Tipp

TEKNISKE SAMLING

Insider Tipp

Dieses familiär geführte Museum ist spannender als sein Name, technische Sammlung, vermuten lässt: Werkzeug, Spielsachen, Radios, alte Trecker – Technik und Bauernkultur aus der ersten Hälfte des 20. Jhs. *Børrelyngvej 48 | 3 km von Allinge in Richtung Hasle | www.bornteksamling.dk | Mai–Mitte Okt. 10–17 Uhr | Eintritt 35 dkr*

ESSEN & TRINKEN

ALGARVE

Es könnte eines der angenehmsten Lokale im Norden sein, wenn nicht der Service so schwankend wäre. Man muss reichlich Geduld mitbringen, weil selbst Standardgerichte zuweilen erst nach 40 und mehr Minuten serviert werden. Das Ambiente aber ist nett, das Angebot stimmt auch – portugiesische Gerichte sind allerdings nicht dabei. *Havnegade 9 | Allinge | Tel. 56 48 11 08 | kein Ruhetag* | €€

DET GAMLE POSTHUS

Sympathisches Restaurant am Kirchplatz von Allinge, bodenständig in

Angebot und Ambiente, fröhlich im Service. Das Haus stammt aus dem Jahr 1761, von 1905 an war hier gut 100 Jahre lang das Postamt untergebracht, bis Karina und John 2006 in den alten Mauern ihr junges Restaurant eröffneten. Im Sommer oft Livemusik. *Kirkegade 8 | Tel. 56 48 10 42 | Januar geschl.* | €€

ELLA'S KONDITORI

Es ist noch immer eine Institution, dieses Café, das eigentlich ein Gartenlokal ist, zu dem herrlich großmütterliche Stuben gehören. Die Bornholmer Traditionalisten, unter den Urlaubern mindestens so zahlreich wie unter den Einheimischen, nehmen in Kauf, dass inzwischen manches angestaubt wirkt: das Mobiliar, der Service und vor allem das Speiseangebot. Nur die Preise sind längst im 21. Jh. angekommen. *Strandgade 42 | Sandvig | Tel. 56 48 03 29 | in der Saison (Mai bis Okt.) kein Ruhetag* | €€

GASTRONOMEN

Lars Aabech ist sicher der wildeste unter den (wenigen) jungen Wilden auf der Insel, die es bis zum dicken Lob in den Kopenhagener Zeitungen gebracht haben. Er hat in ersten Häusern in der Hauptstadt gekocht, dann in Moskau ein dänisches Restaurant geführt und wirbelt jetzt auf hohem Niveau in der ehemaligen Teestube am Markt in Sandvig, einem kuscheligen Haus aus dem Jahr 1765. Die Karte ist klein, Lars schätzt Gäste, die sich von ihm ein Menü zusammenstellen lassen. *Hammershusvej 9 | Tel. 56 48 07 87 | Ende Juni–Mitte August Di–So 17–22 Uhr* | €€€

GÆSTGIVEREN Insider Tipp

Ein uriges Openair-Sommerrestaurant (etwa von Ende Juni bis Mitte August geöffnet). Im gemütlichen Innenhof wird nicht nur etwas gegen Hunger und Durst geboten, sondern auch besonders für die Ohren: Stimmung

MARCO POLO HIGHLIGHTS

★ **Nordbornholms Røgeri**
Genießen Sie die schöne Lage am Hafen, die traditionelle Räucherweise, gute Atmosphäre und beste Qualität
(Seite 50)

★ **Hammeren**
Ein schöner Wanderweg führt zu Leuchttürmen und stillen Seen
(Seite 51)

★ **Hammershus**
Burgruine mit einer großen Vergangenheit (Seite 52)

★ **Slotslyngen**
Spaziergänge durch die Schlossheide sind romantisch
(Seite 53)

★ **Helligdommen/ Bornholms Kunstmuseum**
Berühmte Felsklippen und ein Museum hoch über der Ostsee (Seite 55)

★ **Ols Kirke**
Rundkirche mit altem Taufbecken und einem separaten Glockenturm
(Seite 55)

und Livemusik am laufenden Band. *Theaterstræde 2 | Tel. 56 44 62 30 | www.gæstgiveren.dk* | €

Insider Tipp

MARGERITTEN

Nicht weit von der Alten Post entfernt und ebenfalls eine angenehme Bereicherung der Restaurantszene im Inselnorden: Gutbürgerlich ist das Angebot, familiär und freundlich die Atmosphäre. Mittags (12–16 Uhr) stehen traditionelle Frokostspeisen auf der Karte, auch abends dominieren bekannte dänische Köstlichkeiten das Angebot. Spezialität des Hauses aber sind die marinierten Spareribs. *Kirkepladsen 18 | Allinge | Tel. 56 48 22 09 | www.margeritten.info | kein Ruhetag* | €€

NORDBORNHOLMS RØGERI ★

Für viele Liebhaber der „goldenen Bornholmer" ist dies die beste Räucherei im Norden Bornholms. Ihre Ursprünge gehen auf das Jahr 1898 zurück, seit 2002 führen Jesper Jensen und Carsten Grønning die Tradition fort. Fisch und Meeresfrüchte satt bietet das tägliche Büfett – mit einem guten Preis-Leistungs-Verhältnis. Familien freuen sich, dass im Pauschalpreis auch Pommes frites, Eis und Softeis enthalten sind. *Kæmperstranden 2 | Mai–Sept. tgl. ab etwa 10.30 Uhr*

CAFÉ VÆRFTET

Urige Pinte, überschaubares Angebot, immer gut besetzt. Speisekarte vorab lesen? Bei *www.bornholm.net* ist das möglich. *Jernbadegade 3 | Sandvig | beim Busstopp Langebjerg | Tel. 56 48 04 34 | Di/Mi geschl.* | €€

EINKAUFEN

BORNHOLMER BUTIKKEN

Insider Tipp

Der schönste Ort im Norden, um nach originellen Mitbringseln zu stöbern. Inhaberin Henne-Line hilft gern, wenn die Wahl zur Qual wird. Im Angebot: kulinarische Spezialitäten, Kostproben des lokalen Kunsthand-

Fachwerkhäuser in der historischen Altstadt von Allinge

werks, Schmuck und geschmackvoller Schnickschnack. Zum Laden gehört ein Café mit ein paar Stühlen vor der Tür, im Hinterhof und auf dem Dach. Sehr hyggelig, sehr gemütlich, sehr bornholmerisch! *Havnegade in Allinge*

MARKT

Der Mittwochsmarkt auf dem idyllischen Lindeplads in Allinge (BAT-Bushaltestelle) ist einen Besuch wert. Dort werden vor allem Strickkleidung, Kräuter und Bioprodukte angeboten. Eine kleine Flohmarktecke gehört ebenfalls dazu. *Mi 9–14 Uhr*

ÜBERNACHTEN

BYSKRIVERGAARDEN

Kleines Hotel in altem Fachwerkhof, früher der Sitz des Stadtschreibers, unmittelbar am Meer. Liebevoll geführt von Lisbeth und Tom Panduro. *21 Zi. | Løsebækgade 3 | Allinge | Tel. 56 48 08 86 | Fax 56 48 18 86 | www.byskrivergaarden.dk* | €€

HAMMERSØ

50-Zimmer-Hotel in ruhiger Lage am Ufer des gleichnamigen Sees, herrliches Wandergebiet vor der Haustür, mit Solarenergie beheiztes Schwimmbad. *Hammershusvej 86 | Sandvig | Tel. 56 48 03 64 | Fax 56 48 10 90 | www.hotel.hammersoe.dk* | €€

PENSION LANGEBJERG

Traditionsreich und beliebt: Für freundlich-familiäre Atmosphäre sorgen Bente und Ole Madsen; großer Garten. Etwas moderner sind die Zimmer im Annex *Markvejen* (schöner Meerblick). *12 Zi., 2 Wohnungen | Langebjergvej 7 | Sandvig | Tel. 56 48 02 98 | Fax 56 48 22 98 | www.langebjerg.dk* | €–€€

PEPITA

Das historische Haus, um 1650 erbaut, wird seit 2003 als Hotelpension von Charlotte und Benny Schou freundlich und kompetent geführt. Die Zimmer sind von sehr unterschiedlicher Größe (EZ ab 8 m², DZ mit Meerblick bis 25 m²), was nicht zuletzt am Zuschnitt des alten Fachwerkbaus liegt. Zum Haus gehören ein schöner Innenhof und ein kleines, ganzjährig geöffnetes Restaurant mit gutbürgerlicher Küche. *Langebjergvej | Sandvig | Tel. 56 48 04 51 | www.pepita.dk* | €–€€

ROMANTIK

Hatte vor über 100 Jahren, als es noch „Haus am Meer" hieß, fast nur deutsche Gäste; heute ein modernes Hotel mit 50 Zimmern und Apartments. *Lassen* heißt das gute Hotelrestaurant. *Strandvejen 68 | Allinge | Tel. 56 48 03 44 | Fax 56 48 06 44 | www.hotel-romantik.dk* | €€–€€€

AUSKUNFT

NORDBORNHOLMS TURISTBUREAU

Postgade 2 | Tejn | Tel. 56 48 00 01 | www.bornholmsbookingcenter.dk

ZIELE IN DER UMGEBUNG

HAMMEREN ★ [110 C1]

Wie eine Halbinsel ist dieser steile Granitfelsen (auch Hammerknude genannt) vom Rest der Insel abgetrennt – durch ein breites Tal, auf dessen Sohle der *Hammersø* liegt, der größte See Bornholms. Eine deutsche Firma hat hier, auf der alten Schafweide der Gemeinden Allinge und Sandvig, vor über einem Jahrhundert einen Steinbruch betrieben. Bis zum Ersten Weltkrieg waren dort mehr als 1000 Arbeiter beschäftigt. Naturfreunde, die sich auch im übrigen Königreich auskennen, nennen den Weg auf dem Rettungspfad – einmal um Hammeren herum – den schönsten Wanderweg Dänemarks. Auf jeden Fall ist es eine sehr empfehlenswerte Wanderung von ungefähr 7 km (in aller Ruhe: etwa 3 Std. Laufzeit). Sie führt über Felsen, auf denen Heide und Wacholder wachsen, zur Ruine einer kleinen Kirche aus dem 14. Jh. *(Salomons Kapel).* Hier beteten Heringsfänger und Hansekaufleute, die in der Nähe einen Hafen hatten, um gute Reise, guten Fang und gutes Geschäft.

Zwei Leuchttürme ragen aus der Landschaft heraus: *Store Fyr,* Großes Feuer (er steht auf 82 m Höhe in der Mitte des Hammers), und *Lille Fyr,* Kleines Feuer, an der Hammerodde, der äußersten Nordspitze Bornholms. Traumhafte Ausblicke kennzeichnen den Wanderweg.

Auf der Anhöhe thronen die Überreste der Burg Hammershus

Der etwa 10 000 m² große *Hammersø* ist natürlichen Ursprungs, während die zauberhaften kleinen Seen, die wie Juwelen oberhalb des Hammersø glänzen *(Opalsø* und *Krystalsø),* wassergefüllte Steinbrüche sind.

HAMMERSHUS ★ **[110 C2]**
Die auch noch als Ruine machtvoll wirkende Burganlage steht auf der Spitze eines glatten Felsens, 2,5 km

von Sandvig entfernt. Niemand kann genau sagen, wann mit dem Bau der Burg begonnen wurde, vermutlich aber schon im sehr frühen Mittelalter. Ab 1255 beherrschten von hier aus die Statthalter des Erzbischofs von Lund drei Viertel der Insel, dann fiel Hammershus für kurze Zeit an den dänischen König, dann wieder, für immerhin 200 Jahre (1325–1522), an die Bischöflichen. Danach, im 16. Jh., wechselten sich königlich-dänische Machthaber und Hanseaten aus Lübeck als Herren von Hammershus ab.

Die Beschriftungen lassen die alte Zeit lebendig werden. Sie weisen zum Beispiel darauf hin, dass hier im frühen 17. Jh. jährlich unter anderem 12 t Rindfleisch, 5 t Salzhering, 10 t Dorsch, 1 t Essig verbraten und verzehrt wurden. Das machte Durst. Deshalb ging die Gerste, die von den Bauern geliefert wurde, eher für Bier als für Brot drauf: Die alten Rittersleut und ihre Helfer schluckten nämlich täglich 10 l davon – pro Kopf!

Wenn Sie sich von solchen Zahlen und vom Rundgang durch Brauhaus, Bäckerei, Munitionslager und Kirche (von alldem stehen nur noch die Mauern) erholen wollen, genießen Sie den Traumblick nach Norden, bis hin zur schwedischen Küste. Und schauen Sie dann mal in die Ausstellung *Slotsgaarden (Mai–Sept. tgl. 10–17 Uhr | Eintritt 10 dkr)* vor der Burgruine, wo Geschichte und das Leben in der damaligen Zeit gut erklärt werden.

MOSELØKKEN **[111 D2]**

Das Steinbruchmuseum im alten Granitwerk Moseløkken zeigt nicht nur, wie Granit aus dem Felsen gesprengt und bearbeitet wird. Hier ist außerdem auch ein wichtiger Teil der Bornholmer Industriegeschichte dokumentiert. Der Besuch lohnt sich auch für alle, die an Geologie interessiert sind. *April–Okt. Mo–Fr 10–12 und 13–16 Uhr | Eintritt 20 dkr | 1,5 km westlich von Allinge*

SLOTSLYNGEN ★ **[110 C2]**

Das große Heidegebiet, das sich südlich von Hammershus bis kurz vor Vang hinzieht, ist ein schönes Wandergebiet. Tipp: Vom Parkplatz Finnedalen im südlichen Teil der Heide (nördlich von Vang) den Küstenweg Richtung Paradisdalen und Ruine folgen.

>LOW BUDGET

- Auch wenn man in den vielen Museen und Ausstellungen jeweils Eintritt bezahlen muss, so ist doch die riesige Burgruine Hammershus völlig kostenlos zu besichtigen, und das ganzjährig rund um die Uhr.
- Allinge und Sandvig zählen zu den Touristenhochburgen der Insel und dementsprechend dicht ist die Ansiedlung von verschiedenen Restaurants, Pizzerias, Pubs und Kneipen. Konkurrenz belebt das Geschäft sagt ein Sprichwort, und dies trifft auch hier zu. Hat man also keine Eile, sollte man vor dem Einkehren auf besondere Angebote, Happy Hour oder sonstige Schnäppchen achten, auf die meistens vor dem Lokal mit großen Aufstellern hingewiesen wird. Auch gibt es mancherorts Livemusik gratis dazu.

TEJN-SANDKÅS

[111 D–E 2–3] Aus dem einst eher beschaulichen Fischerdorf Tejn ist mittlerweile ein moderner Fischereihafen geworden, der inzwischen drittgrößte nach Rønne und Nexø. Der Ortsteil Sandkås, der sich nördlich an Tejn anschließt, hat keinen Ortskern, überhaupt kein eigenes dörfliches Gepräge. Mehrere gute Hotels und vor allem zwei schöne Strände haben aus Sandkås ein (ruhiges) Zentrum des Fremdenverkehrs zwischen Gudhjem und Allinge gemacht.

KUNSTHANDWERK

LENNY GOLDENBERG

Der freundliche Kanadier, der da tief im Wald seit Jahrzehnten erfolgreich arbeitet, gehört zu den ideenreichsten unter den Bornholmer Keramikkünstlern. Er stellt so nützliche Dinge wie Brotkästen, Regale und Mörser her, schafft aber auch so spannende Sachen wie steinerne Bücher auf Säulen. Die Suche nach dem *Fåregårdsvej 20, etwa 2 km von Tejn nach Westen,* lohnt sich allemal. Geöffnet, „wenn ich zu Hause bin ...", *Tel. 56 48 43 01.* Verkauf auch im Kunsthandwerkerladen in Svaneke, *Bykilden 1*

PER SUNTUM

Insider Tip

Dieser Juwelier am Ortsrand von Tejn zählt zu den herausragenden Schmuckkünstlern, die über die Insel hinaus Renommee erworben haben. Seine filigranen Broschen, Ohrringe und anderen Objekte, zum Teil in Zusammenarbeit mit der Japanerin Kaori Juzu aus Allinge entworfen, werden auf Ausstellungen in aller Welt gezeigt. Besuche nach vorheriger Anmeldung sind willkommen, *Tel. 56 44 22 20. Møllegade 11*

ÜBERNACHTEN

ABILDGÅRD

Dieses Ferienhotel der Mittelklasse, in schöner Lage über Sandkås, hat seit Jahren sein Stammpublikum. Den besten Blick über die Ostsee bieten die Häuser der Reihen A und B.

Auch architektonisch bedeutsam: Bornholms Kunstmuseum

Swimmingpool, Sauna und Solarium, Tennisplätze, viele Busgruppen. *83 Zi. | Tejnvej 100 | Sandkås | Tel. 56 48 09 55 | Fax 56 48 08 35 | www.hotel-abildgaard.dk | €€*

FRIHEDEN

Gutes Mittelklassehotel, 2006/07 renoviert; mit kleinem Wellnesscenter, Gratis-PC für Gäste. *56 Zi., 10 Apartments | Tejnvej 80 | Sandkås | Tel. 56 48 04 25 | Fax 56 48 16 65 | www.hotelfriheden.dk | €€*

ZIELE IN DER UMGEBUNG

Insider Tipp

DØNDAL [111 E3]

Eine imposante Felsschlucht mit Dänemarks größtem Wasserfall (20 m); nach seinem Tosen oder Donnern ist das ganze Tal benannt. Der Weg zum „Donnertal" geht zwischen Helligdommen und Stammershalle von der Küstenstraße ab. Bärlauchsammler haben es hier leicht: Das Lauchgewächs kommt in Massen vor, der intensive Knoblauchgeruch ist schon bei der Anfahrt zu spüren. *4 km südlich von Tejn*

HELLIGDOMMEN/BORNHOLMS KUNSTMUSEUM ★ [111 F3]

Helligdomsklipperne ist eine Schären- und Felsenküste, die am eindrucksvollsten von der Wasserseite wirkt. Empfehlenswert ist eine Fahrt mit dem alten Kutter „Thor", der in den Sommermonaten täglich von Gudhjem aus mit Fahrgästen in See sticht (65 dkr). Der Magnet an dieser Küste ist Bornholms Kunstmuseum, architektonisch eine gelungene Verbindung von Natur, Kunst und Bornholmer Kreativität. Äußerlich wie in seinen Exponaten und Sonderschauen spiegelt das Haus die Verbindungen sehr unterschiedlicher Künstler zu dieser Insel wider. Im Mittelpunkt der Ausstellungen stehen Malerei, Keramik und Glas. Natürlich ist die sogenannte Bornholmer Malerschule (zum Beispiel Karl Isakson, Kræsten Iversen und Oluf Høst) herausragend vertreten. Wie verbunden sich die Insulaner mit ihrem Kunstmuseum fühlen, beweist ihre Spendenfreudigkeit: So wurde, wie schon zehn Jahre zuvor das Haupthaus, auch der großzügige Anbau ausschließlich von privaten Stiftungen finanziert. Achten Sie auf das Rinnsal, das sich durch den Bau zieht: Es ist der Bach, der aus der benachbarten „heiligen" Quelle (Helligdommen heißt Heiligtum und war schon in grauer Vorzeit ein Kultplatz) entspringt und in die Ostsee mündet. *Sommer tgl. 10–17, sonst Di–So 13–16 oder 17 Uhr | Eintritt 70 dkr | www.bornholms-kunstmuseum.dk | 5,5 km südlich von Tejn*

OLS KIRKE ★ [111 D3]

Die um 1150 entstandene Kirche 2 km westlich ragt so weit übers Land hinaus, dass Seeleute den Kurs nach ihr ausrichten. Wie die anderen Rundkirchen war auch das Haus des heiligen Olav einmal eine wehrhafte Zufluchtsstätte. Der Glockenturm steht wieder separat. Sehenswert sind die schöne Renaissancekanzel, ein alter Taufstein und ein moderner Keramikaltar des heimischen Künstlers Gunnar Hansen *(Mo–Sa 10–13 und 14–17 Uhr | Eintritt 5 dkr)*. Etwa 1 km südlich der Kirche liegt die Werkstatt von *Evelyn Noval*. Sie produziert und zeigt dort eigenwillige Keramikarbeiten. *Muradamsvej 2 | Olsker*

> EINE TRAUMSTRASSE UND DREI ERBSEN IN DER OSTSEE

Gudhjem oder Svaneke – welche Perle glänzt heller?
Und: ein Abstecher zu den Festungsinseln

> Svaneke oder Gudhjem – welches Städtchen ist malerischer, idyllischer, schöner? Es ist ein müßiges Spiel. Unstrittig ist nur dies: Der Weg zwischen den beiden Orten ist der Highway No. 1 von Bornholm, vielleicht die schönste Küstenstraße Dänemarks.

Das Meer als Naturwunder – nirgendwo wird es so deutlich wie hier. Schauen Sie sich an, wie die See das Land ausgewaschen, geformt und geprägt hat: Betrachten Sie die gewaltigen Granitblöcke an den Klippen von Randkløve, gut 20 m hoch. Dann wandert der Blick über die See nach Osten, hinüber nach Christiansø zu den sogenannten Erbseninseln (Ertholmene).

ERTHOLMENE

[113 E–F 1–2] ★ **Das ist der offizielle Name für die winzige Inselgruppe östlich von Bornholm.** Keiner weiß, ob der

Bild: Christiansø

OSTKÜSTE UND CHRISTIANSØ

Name wirklich vom dänischen Wort für Erbsen *(ærter)* abgeleitet ist. Im Deutschen hat sich jedenfalls der Begriff Erbseninseln durchgesetzt. Einige Schären, ein paar Felsen und drei Inselchen – zwei davon sind mit insgesamt 120 Einwohnern besiedelt – bilden den kleinen Archipel.

CHRISTIANSØ

Der *Große Turm* ist das Wahrzeichen dieser größten Erbseninsel (2200 m², 710 m lang, 430 m breit). Er blieb von der Festung übrig, die Christian V. 1684 als Vorposten gegen die Schweden anlegen ließ. Der norwegische Baumeister Anthon Coucheron holte sich den notwendigen Granit aus der Insel; die Löcher, die dabei entstanden, dienen bis heute als Trinkwasserreservoirs. In den Schwedenkriegen (1709–20) brauchte man das Fort dann doch nicht. Erste Feuertaufe: 1808 griffen englische

Schiffe an und verursachten großen Schaden. Auf Christiansø *(www.christiansoe.dk)* muss man die *alte Kasernenstraße* (1790) gesehen haben, die *Kanonen des Königs* (im Süden), den *Garten des Königs* (in der Inselmitte, hinter dem alten Pastorat), den *Friedhof* und die *Kirche* (früher mal Waffenschmiede) mit ihrem Glockenturm. Nicht verpassen: die zauberhaften Gärten auf dem Oberland.

Blick über die Dächer von Gudhjem aufs Meer

Insider Tipp

FREDERIKSØ

Über eine Hängebrücke von 1912 gelangen Sie auf die Nachbarinsel (440 m lang, 160 m breit). Wichtigstes Gebäude ist der *Kleine Turm*, 1685–87 erbaut. Er diente als Wachtturm und Pulverkammer, während der Choleraepidemie 1853 war er Lazarett. Heute beherbergt er ein sehenswertes *Museum (in der Saison tgl. 12–16 Uhr | Eintritt 10 dkr)* mit Erinnerungen an die Festungszeit.

ÜBERFAHRT

Von Allinge, Gudhjem und Svaneke fahren Schiffe nach Christiansø. Allein von Gudhjem aus werden im Juli bis zu vier Abfahrten täglich angeboten. Die etwa einstündige Fahrt kostet von allen Häfen 200 dkr in der Hochsaison – hin und zurück *(www.christiansoefarten.dk)*.

ESSEN & TRINKEN ÜBERNACHTEN

CHRISTIANSØ GÆSTGIVERI

Insider Tipp

Originelles Gasthaus im historischen Ambiente, zu dem auch ein Krämerladen und eine Kaffeeterrasse gehören. Sechs renovierte Doppelzimmer, jetzt mit Toilette und Duschbad ausgestattet. Ganzjährig geöffnet. *Tel. 56 46 20 15 | Fax 56 46 20 86 | €€*

GUDHJEM

[112 B4] ★ Dieser Ort (900 Ew.) ist in ganz Dänemark und bei Geografen auch darüber hinaus berühmt, weil er genau auf dem 15. Längengrad, der „Messlatte" für die Mitteleuropäische Zeit (MEZ), liegt. Wer als erstes auf den Hausberg, den Bokul-Felsen, steigt und von dort 50 m auf Gudhjem hinabsieht, wird den geradezu mediterran anmutenden Reiz dieses Städtchens schnell wahrnehmen. Der Name Gudhjem – wörtlich: Gottes Heim – geht auf vorchristliche Zeiten zurück: Stätte der Götter.

SEHENSWERTES

Besonders malerisch ist der *Hafen*, in dessen Mitte Bornholms betriebsamste Jugendherberge in einem alten Kaufmannshof untergebracht ist. Kunst- und Kulturinteressierte werden die *Stadtkirche* (1893) besuchen, um dort Bornholms einzige *Marientafel* (1475) zu bewundern oder im Sommer eindrucksvolle Kirchenkonzerte zu hören.

GUDHJEM MUSEUM

Das kleine, von einem Heimatverein betriebene Museum im alten Bahnhof von 1916 zeigt Bilder von Oluf Høst, Textilsammlungen und eine Handschuhmacherei. *Stationsvej 1 | Mitte Mai–Mitte Sept. Mo–Sa 10–17, So 14–17, sonst Mo–Sa 14–17 Uhr | Eintritt 25 dkr*

OLUF HØST MUSEUM

Hier, in der Villa Norresån (das heißt Nordsand auf *bornholmsk)*, hat der Bornholmer Maler Oluf Høst (1884–1966) bis zu seinem Tod gewohnt und gearbeitet. Seit 1998 sind im Haupthaus einige seiner Werke und Teile der alten Einrichtung zu sehen. Zum Museum gehören ein Café, die Räucherei am Nørresand-Hafen, die der Künstler oft malte, und das Sommeratelier hoch über den Klippen. *Løkkegade 35 | April–Juni und Okt. Di–So 13–17, Juli–Mitte Aug. tgl. 11–17 Uhr | Eintritt 50 dkr*

MELSTEDGÅRD [112 B4]

Anschaulich und lebendig wird hier, 500 m südlich von Gudhjem, gezeigt,

MARCO POLO HIGHLIGHTS

★ Ertholmene (Erbseninseln)
Die beiden Erbseninseln sind nicht nur einen Kurzbesuch, sondern durchaus eine Übernachtung wert (Seite 56)

★ Østerlars Kirke
Die Rundkirche mit den sieben Säulen (Seite 62)

★ Svaneke
Der Mittelpunkt eines märchenhaften Städtchens (Seite 62)

★ Gudhjem
Den schönsten Blick auf das Künstlerstädtchen haben Sie vom Bokul aus (Seite 59)

wie sich das bäuerliche Leben vor etwa 150 Jahren abgespielt hat. In den Ställen wird nach wie vor Vieh gehalten, und die Besucher können an manchen Tagen miterleben, wie das Heu nach alter Väter Weise eingebracht wird und wie früher Gemüse und Beeren eingekocht wurden. *Melstedvej 25 | auch über einen schönen Klippenweg von Gudhjem zu Fuß zu erreichen | Mitte Mai–Mitte Okt. Di–So 10–17 Uhr | Eintritt 45 dkr | www.bornholmsmuseer.dk*

ESSEN & TRINKEN

BOKULHUS

Lage, Ambiente, Preisniveau – in jeder Hinsicht Spitze in Gudhjem: Das Restaurant in einem 160 Jahre alten Haus liegt in 48 m Höhe, mit schönem Blick aufs Meer und den Ort. Gepflegtes Interieur, gute, traditionell ausgerichtete Küche. *Bokulvej 4 | Tel. 56 48 52 97 | www.bokulhus.dk | mittags geschl.* | €€€

BRØDDAN

Gemütliches und besonders kinderfreundliches Lokal über der betriebsamen Brøddegade; die Terrasse liegt lange in der Abendsonne. Büfettstil. *Brøddegade 22 | Tel. 56 48 50 22 | kein Ruhetag* | €–€€

Insider Tipp

DINE'S LILLE MARITIME CAFÉ

Dies ist vielleicht der schönste Platz auf der Insel, um Kaffee und Kuchen zu genießen: unterhalb der Küstenstraße (Parkplatz), halbwegs zwischen Gudhjem und den Klippen von Helligdommen idyllisch am Meer gelegen. Zwischen Juni und Mitte Sept.) lohnt an zwei Wochentagen abends der Besuch ganz besonders: Jeweils am Montag und am Mittwoch bringen ganz unterschiedliche Erzähler märchenhafte Geschichten von den Brüdern Grimm, von H.C. Andersen, aus Tausendundeiner Nacht oder aus anderen Kulturen zu Gehör. Diese Darbietungen passen wunderbar zum Flair der Insel *(Eintritt 45 dkr). Røstadvej 10 | Tel. 56 48 42 97 | www.wildlachs.de | Ostern–Mitte Mai und Mitte Sept. bis Mitte Okt. Do–So 14–17, in der Saison tgl. 12–17.30 Uhr*

Insider Tipp

PANDEKAGE HUSET

Der Treff für junge Urlauber und junge Bornholmer gleichermaßen: Sie alle werden angelockt von den leckersten Pfannkuchen auf der Insel (zehn Versionen) und sehr guten Pizzas. *Brøddegade 15 | Tel. 56 48 55 17 | kein Ruhetag* | €

EINKAUFEN

Dank seiner Beliebtheit unter den Inseltouristen haben sich in Gudhjem immer mehr allerlei Souvenir- und Schnickschnackläden etabliert und wer die *Brøddegade* im wahrsten Sinn hoch- und runterschlendert, wird wohl leider kaum noch einen großen Unterschied zu anderen Touristenmagneten in aller Welt feststellen können. Dennoch macht das Herumstöbern Spaß, und fast ein jeder hat bisher ein Mitbringsel für sich gefunden. Wer nichts vom Shoppen hält, kann sich in Gudhjem an mehreren Stellen das dort angebotene leckere Softeis schmecken lassen, das seit 2008 in der *Bornholmer Andelsmeierei* nach alten Rezepten hergestellt wird und sich bereits großer Beliebtheit erfreut.

BALTIC SEA GLASS

Unter den etablierten Glasbläsern, die für ein breites Publikum arbeiten, ragen Pete Hunner und Maibritt Jönsson noch immer heraus. *Melstedvej 47 | 3 km südlich von Gudhjem | www.balticseaglass.com*

Typischer Bornholmer Bauernhof und lebendes Museum: Melstedgård

ÜBERNACHTEN

ALTE STRANDVOGTEI

Am Wanderweg von Gudhjem nach Helligdommen: sieben Ferienwohnungen am Meer, von Eduard Dahlmann betrieben. Die Gäste können nebenan, in Tochter Geraldines Café, frühstücken. *Røstadsvej 10 | Tel. 56 48 42 97 | www.wildlachs.de* | €€

BIRKELUND

Diese wohl schönste Ferienwohnungsanlage im Inselinnern, auf einem alten Bauernhof inmitten des Naturparadieses Rutsker Høyling, hat den Besitzer gewechselt. Nach vielen Jahren haben Brigitte und Hans Krähmer sich in den Ruhestand zurückgezogen und die weiträumige Anlage an die neuen (und ebenfalls deutschen) Besitzer Claudia und Bert Beyen übergeben. Sechs gemütliche Wohnungen zwischen 60 und 84 m². *Krashavevej 33 | Tel. 56 48 41 41 | www.birkelund.info* | €€

KLIPPEN

Insider Tipp

Nette Pension mit Blick auf Hafen und Meer, sehr ruhig. *15 Zi.* | (am schönsten die Zimmer Nr. 2, 3 und 4; früh bestellen), *Grevensdal 50 | Tel. 56 48 54 15 | Fax 56 48 54 78 | www.pension-klippen.dk* | €–€€

MELSTED BADEHOTEL
Ambitioniertes Hotel am Strand von Melsted, etwa 2,5 km südlich von Gudhjem; geschmackvolle Einrichtung, gute Küche. Alles schick und teuer. *Melstedvej 27 | Tel. 56 48 51 00 | Fax 56 48 55 84 | www.melsted-badehotel.dk | €€€*

AUSKUNFT

GUDHJEM TURISTBUREAU
Åbogade 9 | Tel. 56 48 52 10 | Fax 56 48 52 74

ZIELE IN DER UMGEBUNG

ØSTERLARS KIRKE ★ [112 B5]
Größte und älteste Rundkirche der Insel, 3 km südlich von Gudhjem. Sieben dicke Stützpfeiler geben der Kirche das charakteristische Bild. Sie wurde um 1150 gebaut, das Dach vermutlich 1744 aufgesetzt. *April bis Mitte Okt. Mo–Sa 9–17 Uhr | Eintritt 6 dkr.* Den Besuch dieser Kirche können Sie mit einem Blick in die *Galerie Jessen (Nybrovej 39)* verbinden, 200 m außerhalb. Dort stellen Nis und Flerida Jessen ihre sehr populären Bilder aus und verkaufen auch spanische Porzellanfiguren.

>LOW BUDGET

- Joboland ist Bornholms größter Vergnügungspark *(www.joboland.dk)*, der allerlei Attraktionen für die ganze Familie bietet. Ein einmaliger Besuch kostet pro Person in der Vor- und Nachsaison 90 dkr und in der Hauptsaison sogar 120 dkr. Es wird aber wesentlich billiger, wenn Sie einen zweiten Besuch in Ihrem Urlaub von vornherein mit einplanen. Dann bezahlen Sie nämlich nur noch 25 dkr pro Person. *Joboland | Højevejen 4, Svaneke*
- Wer einmal erfahren möchte, wie noch traditionell Bonbons hergestellt werden, der kann in der Bonbonmanufaktur am Markt in Svaneke kostenlos bei der Produktion zusehen. In der Saison finden mehrmals täglich Vorführungen statt, Kostproben mit eingeschlossen.

RØ [111 F4]
Der kleine Ort liegt etwa 6 km westlich von Gudhjem. Die Dorfkirche wurde 1888 einem Gotteshaus aus dem Jahr 1200 nachgebaut. Fragmente der alten Kirche sind noch vorhanden und zum Beispiel im Turmraum zu sehen. Ein netter und sehr kreativer Glaskünstler, Svend Holst-Pedersen, er gießt Glas in Sandformen, arbeitet und verkauft seine Werke im alten Bahnhof *(Stationsvej 5)*. Gleich gegenüber, im Restaurant *Rø (Tel. 56 48 40 38 | kein Ruhetag, aber sehr häufig geschlossene Gesellschaften | €–€€)* ist gebratener Aal die Spezialität. Und etwa 1,5 km südlich, am *Puggevej 3*, hat ein bekanntes Künstlerehepaar seine Werkstatt: die Bornholmerin Gerd Hiort Petersen und ihr Mann Hans Munck Andersen, beide hoch angesehene und vielfach ausgezeichnete Keramik- und Porzellankünstler *(Besuch nach Vereinbarung | Tel. 56 48 41 90)*.

Insider Tipp

Insider Tipp

SVANEKE

[117 E1] ★ **Vielleicht das schönste, ganz sicher aber das östlichste Städtchen der Insel (1000 Ew.). Hier geht, von den Erbseninseln einmal abgesehen, die Son-**

ne über Dänemark auf. Viele Kaufmannshöfe, gepflegte Fachwerkhäuser und der Hafen zeugen von großer Vergangenheit.

SEHENSWERTES

Einen *Stadtrundgang* kann man am *Hafen* beginnen. Am Kai treffen sich einheimische Fischer mit Seglern und anderen Urlaubern. Die Hotels *Østersøen* und *Siemsens Gård,* beides ehemalige Kaufmannshöfe, prägen die Kulisse, die nach Norden mit dem roten ehemaligen *Zollamt* abschließt. Zwischen den Hotels führt die Straße *Brænderigænget* (mit vielen Geschäften und Kunsthandwerkern) hinauf zum *Marktplatz*. Samstags findet dort ein kleiner Floh- und Gemüsemarkt statt, und eine Pferdebahn fährt durch den Ort. Von dort zur *Kirche* (sehr hübsch, Ursprünge aus dem Mittelalter, 1881 umgebaut, neues Dach seit 1993), weiter über Lille Plads, Søndergade in die Vorstadt *Hullet* (Loch), über die Straßen Pilene, Reberbanevej, Skovgade, Søndergade zurück ins Zentrum. An der Straße nach Gudhjem stehen nebeneinander eine *Windmühle* aus dem 17. Jh. und ein ungewöhnlicher *Wasserturm* in Form einer Bake.

Insider Tipp

Größte und älteste der vier Rundkirchen: Østerlars Kirke

ESSEN & TRINKEN ÜBERNACHTEN

BRYGHUSET

Origineller Restaurantbetrieb mit einer Schaubrauerei am Marktplatz von

Svaneke. Die Gäste sitzen urgemütlich drinnen oder im Hof auf rustikalen Bänken. *Torv 5 | Tel. 56 49 73 21 | www.bryghuset-svaneke.dk | kein Ruhetag* | €€

Insider Tipp **HUMMERHYTTEN**

Ein sehr schöner Platz für den etwas anderen Imbiss. Seit 2003 servieren die charmanten und stets gut gelaunten Wirtsleute Hans-Joachim und Ingrid (beide stammen aus Norddeutschland) am idyllischen Hafen von Listed, nur 3 km nördlich von Svaneke, das Beste vom kanadischen und dänischen Hummer – zu sehr moderaten Preisen: gekocht, gratiniert, als Suppe, Salat oder im Sandwich verpackt. Auch Lachs, Scampi und, immer freitags, Dorsch stehen auf der Karte. Dazu gibt es gut gekühlte Weine, die vorwiegend aus der Pfalz kommen. *Strandstien 10 | Tel. 56 49 76 16 | Mai–Sept. tgl. 12.30 bis 15 und 17.30 Uhr bis Sonnenuntergang* | €€

SIEMSENS GAARD

Dies ist ein besonders angenehmes Ferienhotel: schöne Lage am Hafen (und trotzdem ruhig), freundlicher Service, nett möblierte Zimmer in einem Kaufmannshof aus dem 17. Jh.; gepflegtes Restaurant und Terrasse, von der sich genüsslich der Hafenbetrieb beobachten lässt. *50 Zi. Havnebryggen 9 | Tel. 56 49 61 49 | Fax 56 49 61 03 | www.siemsens.dk* | €€€

EINKAUFEN

Svaneke ist der beste Ort an der Ostküste Bornholms, um Kleinigkeiten, Antikes, frische *bolcher* (Bonbons) und sogar Samen zu kaufen, mit dem sich Bornholmer Besonderheiten züchten lassen. Der schönste Blumenladen der Insel, *Nete's* am Markt, informiert sachkundig, nett und spannend über Stockrosen, Maulbeerbäume und andere exotische Gewächse, die gleich um die Ecke gedeihen. Hier, am Markt und in den

Typisch für den kleinen Ort Svaneke sind die erdfarbenen Häuser

Nebenstraßen, befinden sich zahlreiche Antikläden.

KUNSTHANDWERK

Svaneke ist eine Hochburg ganz unterschiedlicher Kunsthandwerker. Da ist, im Innenhof der Brænderigænget, die Werkstatt der Multikünstlerin Pernille Bülow. Dort kann man bei der Herstellung von Glas zuschauen, ausgeführt vor allem vom Nachwuchs dieses Handwerks. Pernille Bülow spricht mit ihren Arbeiten einen breiten Kundenkreis an. Etwas ausgefallener sind die Exponate der Glaskünstlerin Vibeke Berland, die ihre kleine Galerie *Keramikas* am Rande des Marktplatzes *(Bykilden 1)* betreibt und sich gern viel Zeit für Erklärungen und Meinungsaustausch nimmt. Insider Tipp: Für Pfeifenraucher ist ein Besuch beim Pfeifenmacher Bjørn Thurmann in der *Postgade 5* ein Muss. Bjørn, ein guter Typ, unterhält sich (auch auf Deutsch) gern mit Kennern und Liebhabern.

GULD- & SØLVSMEDEN (SEB. FROST)

Ideenreich und nicht alltäglich sind die interessanten Kreationen, die ein Goldschmied aus Norddeutschland in seiner Werkstatt am Hafen von Listed, etwa 2 km nördlich von Svaneke, fertigt und verkauft. Der junge Mann holt internationale Künstler nach Listed und lädt an schönen Sommerabenden zu „Musik und Kunst" ein. Ein paar Schritte neben Frosts Werkstatt hat Hafenmeister Ib Hansen ein sehens- und liebenswertes *Fischereimuseum* eingerichtet *(Eintritt frei, Spende erwünscht)*. Insider Tipp

AUSKUNFT

SVANEKE TURISTBUREAU

Storegade 24 | Tel. 56 49 63 50 | Fax 56 49 70 10

ZIELE IN DER UMGEBUNG

IBS KIRKE [117 D2]

Der eindrucksvolle romanische Bau stammt aus dem 12. Jh. Der dicke Turm diente früher der Verteidigung und wurde vermutlich auch als Lagerhaus benutzt. Zur Ausstattung gehören vier Evangelisten aus Keramik, 1964 vom Bornholmer Bildhauer Paul Høm gestaltet. Ganz in der Nähe, in *Louisenlund*, stehen im Wald 70 Bautasteine (Grab- und andere Gedenksteine aus der Eisenzeit, etwa 500 v. Chr. bis 800 n. Chr.). *5 km westlich von Svaneke* Insider Tipp

ØSTERMARIE [116 C1]

Neben der Dorfkirche von 1891 (mit einem Bild, das den Freiheitshelden Jens Kofoed mit zwei Frauen und 24! Kindern zeigt) steht die Ruine eines mittelalterlichen Gotteshauses. *10 km westlich*

> DER LÄNGSTE STRAND UND EIN SCHÖNES HINTERLAND

Baden zwischen Boderne und Balka, Bummeln in den Häfen von Snogebæk und Nexø

> Was für ein Panorama, was für eine Landschaft! Mehrere Hundert Meter staffeln sich die weißen Dünen vom Strand ins grüne Land hinein. Von oben, vom Leuchtturm in Dueodde, übersehen Sie das gesamte südliche Drittel der Insel, schauen aus fast 50 m Höhe aufs Meer hinaus.

Zur anderen Seite geht der Blick auf weiße Kirchen, die aus den gelbgrünen Feldern ragen, auf rote, gelbe und weiß geschlämmte Bauernhöfe, die alle für sich allein stehen, einsam auf Hügelkuppen oder an den Rand eines Wäldchens gekuschelt. Taubenkap – das ist die Bedeutung von Dueodde (oder ist doch, wie manche Sprachforscher meinen, *Dødens Odde* gemeint, also das Kap des Todes, weil hier früher zuweilen Schiffe strandeten?).

Heute ist Dueodde jedenfalls das Synonym für Badeferien auf Bornholm. Gut 25 km zieht sich der mal

Bild: Strand bei Sømarken

DER SÜDEN

schmale, mal sehr breite Strand von Boderne im Westen bis Balka im Osten, unterbrochen nur von einem steinigen und schlickigen Abschnitt bei Snogebæk *(Broens Odde)*.

Snogebæk, an der Südostkante des Parallelogramms Bornholm gelegen, ist in der Saison ein besonders lebhaftes und zugleich angenehm-rustikales Fischerdorf. Nexø, 20 Fahrradminuten weiter, die zweitgrößte Inselstadt, liegt eigentlich schon an der Ostküste. Sie fühlt sich aber ganz dem Süden zugehörig. Ihr Verkehrsamt betreut die Badegegend bis Dueodde.

DUEODDE

[117 D6] ★ **An heißen Sommertagen liegt ein Hauch von Sonnenöl und Grillkohle über den Dünen. Parkplätze und Zufahrtswege sind zugestellt, vor den Kiosken muss man Wartezeiten in Kauf nehmen.** Aber schon Anfang September, wenn sich im Waldgebiet hinter den Dünen große Vogelschwärme zum Zug nach Süden sammeln, kehrt wieder Ruhe ein.

SEHENSWERTES

LEUCHTTURM

196 Stufen führen zur Aussichtsplattform in 47 m Höhe. Der markante, schlanke Turm, eine wichtige Landmarke für die Schifffahrt, dient auch den Dünenwanderern als Anhaltspunkt. Er wurde 1962 gebaut und funktioniert natürlich längst vollautomatisch, gesteuert vom Leuchtfeuer in Hammeren. Die 1000-Watt-Birne wird durch die Linsen 200-fach verstärkt, der Lichtstrahl ist etwa 35 km weit zu sehen. *Mai.–Okt. tgl. 9–21 Uhr | Eintritt 10 dkr*

ESSEN & TRINKEN

Stammgäste werden sich verwundert die Augen reiben: Wo jahrzehntelang der *Granpavillonen* die leicht gehobene Alternative zu den umliegenden Würstchenbuden darstellte, versucht sich seit Sommer 2010 ein Restaurant im amerikanischen Country-Diner-Stil. Die Größe der Steaks reicht von small über XXL bis Monster (€€). Geblieben an diesem Tor zum schönsten Strand Europas ist die legendäre Krølle-Bølle-Softeisbude, Insider Tipp bei der es im Sommer ab mittags auch mehrere deutsche Tageszeitungen gibt.

BAKKARØGERIET

Zur Tradition gehört auch ein Besuch in der kleinsten Räucherei der Insel,

Familienspaziergang am weißen Strand von Dueodde

der einzigen übrigens, wo abends weitaus mehr los ist als mittags. Hier treffen sich in der Saison Ferienhausbewohner der Umgebung, Jazzveteranen aus Rønne und Kopenhagen, Jung und Alt: Zwar packt der Chef, Jack Lauwersen, sein eigenes Banjo nur noch selten aus, aber dafür heizen Dixielandbands, irische Folkgruppen und skandinavische Rocksänger den Leuten ein. Highlight ist zweifellos der isländische Sänger und Gitarrist Siggi Bjørns, der hier seit Jahren von Anfang Juli bis Ende August auftritt *(Termine auf www.siggib.com). Østre Sømarksvej 29 | Tel. 56 97 71 20 | kein Ruhetag |* €

Insider Tipp

KADEAU

Insider Tipp

Die Lage: ein Logenplatz in den Dünen der Vestre Sømarken, nicht weit von Dueodde. Das Restaurant: eine ehemaliger Strandimbissbude, lässig aufgefrischt, mit einer Spur Eleganz. Die Besitzer: zwei Bornholmer, Rasmus Kofoed und Nicolai Nørregaard, die nach dem Studium in Kopenhagen auf ihrer Insel die Gastroszene der Insel nachhaltig aufgemischt haben. Das Essen: Küchenchef Thomas Lorentzen zaubert phantasievoll und richtet liebevoll an. Der Service: jung, frisch, fröhlich – viel Zeit und Gelassenheit mitbringen! Die Preise: hoch. *Baunavej 18 | an der Südküste, westlich von Dueodde | Tel. 56 97 82 50 | www.kadeau.dk | April–Okt. unterschiedliche Öffnungszeiten, Juli/Aug. tgl. 12–15 und 17.30–21 Uhr |* €€€

ÜBERNACHTEN

Nirgendwo auf der Insel ist das Angebot an Ferienhäusern größer als zwischen Balka und Boderne. Die schönsten, komfortabelsten (und teuersten) liegen im breiten Kiefern- und Heidegürtel westlich des Leuchtturms, also in den Sømarken, den Strandmarken und an der Sommerodde. Im neuen Gebiet *Holster Odde* werden nur große Luxushäuser angeboten, die meisten davon mit Traumblick. Auch zwischen Dueodde und Snogebæk wohnt man wunderschön: ruhig, strandnah und wesentlich dichter bei den Kiosken des Campingplatzes und am Leuchtturm und nahe genug, um mit dem Fahrrad alle Einkäufe in Snogebæk zu erledigen. Apartmentanlagen wie das beliebte *Dueodde Badehotel,* das in bester Lage an die Dünen grenzt, kommen dem Individualismus vieler Urlauber entgegen: Frühstück ist dort möglich, aber wer ganz auf Service verzichtet, spart nicht nur Geld, sondern kann sich seinen Tag so frei wie im „rich-

Insider Tipp

MARCO POLO HIGHLIGHTS

★ Dueodde
Der breiteste Strand mit dem feinsten Sand (Seite 67)

★ Povls Kirke
Der schönste Glockenturm (Seite 71)

★ Aarsdale
Die gemütlichsten Räuchereien (Seite 74)

★ Sørens Værtshus
Die urigste Kneipe (Seite 76)

tigen" Ferienhaus einteilen *(Tennis | kleines Café | Tel. 56 48 86 49 | Fax 56 48 69 59 | www.hotelbornholm.dk | €€)*. Ideal für Familien, weil die Kinder sofort und reichlich Anschluss finden: Insider Tipp *Dueodde Ferieby* am *Stavnsgårdsvej*, halber Weg zwischen Leuchtturm und Snogebæk. Die Häuser wirken auf den ersten Blick wie Baracken, sind aber fast alle renoviert und modern eingerichtet. Die Anlage ist großzügig, ruhig und weit weg von Straßen und Autos, im Wald, an einem schönen Strand (€€–€€€, je nach Saison). Sehr schön ist auch der Campingplatz mit Jugendherberge und Schwimmhalle mitten im Wald *(Dueodde Vandrerhjem og Camping | Tel. 56 48 81 19 | www.dueodde.dk | €)*.

ZIELE IN DER UMGEBUNG

BODERNE [116 A5]

Die kleine Ortschaft liegt an einem sehr schönen Strandabschnitt auf halbem Weg zwischen Dueodde und Arnager. Sie war früher der Hafen von Aakirkeby, der einzigen Stadt im Inselinnern. Ein kleines, feines Ferienhausgebiet grenzt östlich an Raghammer, ein Militärgelände, das manchmal wegen Schießübungen gesperrt wird. Dominierend in Boderne sind die Boutiquen von Pia Stærmose, die sich im Lauf der letzten Jahre entwickelt haben und schon seit langem zu einem beliebten Ausflugziel ausgabefreudiger Fashionfreunde geworden sind.

FANTASIHUSET [116 A5] Insider Tipp

Im humorvollen und kinderfreundlichen Phantasiehaus setzt Multikünstler Bjørn Arnager Bornholmer Strandsteine in Szene. Mit einem Augenzwinkern präsentiert er allerlei Begebenheiten aus dem Alltag, lässt Steine durch ein Planetarium fliegen, führt die Besucher in seine Unterwasserwelt, lässt sie durch das XXL-Kaleidoskop schauen und regt auf unterhaltsame Art zu eigener Kreativität und Phantasie der Besucher an. *Grødbyvejen 3 | Schild: Oplevelsescenter, etwa 5 km südlich von Aakirkeby | Eintritt 30 dkr*

> DIE UNTERIRDISCHEN

Wie Krølle-Bølle und Konsorten die Insel beherrschen

Alle kennen und lieben Krølle-Bølle, den „Locken-Lümmel" (frei übersetzt). Er ist heutzutage die Leitfigur der Unterirdischen, macht Reklame für Speiseeis, führt eine ganze Keramikfamilie an, ziert die beliebteste Ansichtskarte und leiht auch mal Imbissstationen seinen Namen. Und er ist der Liebling der Kinder, vor allem der Urlauberkinder. Aber Unterirdische gibt es viele. Sie leben, wie der Name schon sagt, in Höhlen und Hünengräbern, jedenfalls tief unter dem Wald- und Feldboden. Die Fischer und Bauern erzählten sich früher an langen Winterabenden spökenkiekerische Geschichten über die Trolle, über Krølle-Bølles Vater Babbarækus und seine Mutter Bobbasina, über das große Heer der Unterirdischen, die mit dreibeinigen Pferden und lauter Musik nächtliche Wanderer erschrecken und auch sonst allerlei Schabernack treiben.

PEDERSKER [116 B5]

Nicht unbedingt ein attraktiver Ort, aber er bietet die beste Möglichkeit zum Einkaufen für die Ferienhäusler in den westlichen Strandabschnitten der Südküste: Die Bäckerei ist sehr gut, und bei Brugsen bekommen Sie alles, was Sie im Haus, für den Strandtag oder zum Grillen brauchen. An der Straße von Snogebæk nach Rønne, kurz hinter Peders Kirke, befindet sich Dänemarks größter Weinanbaubetrieb, *Lillegadegaard*, den man gern besichtigen kann. In dem einfachen Gartenlokal werden die verschiedenen Weine und auch mehrere Sorten selbsterzeugter Liköre, Bitter und Branntweine angeboten. *Søndre Landevej 63* | *www.lillegadegaard.dk*

Felder, Weiden und ein Bauernhof bei Pedersker

POVLS KIRKE ★ [116 C5]

Die dem Apostel Paulus geweihte Kirche wurde etwa 50 Jahre später als Peders Kirke gebaut; sie ist viel schöner. Besonders der frei stehende Glockenturm ist ein beliebtes Fotomotiv. Für Kunstinteressierte: Es gibt Kalkmalereien, und im Chorbogen befindet sich ein Paulusrelief mit Runeninschrift.

SLUSEGÅRD [116 B6]

Ein lohnendes Ziel für einen Wander- oder Fahrradausflug: In herrlicher Heide- und Dünenlandschaft – zwischen *Strandmarken* und *Øster Sømarken* – kann man sich eine etwa 200 Jahre alte, gut erhaltene Wassermühle und die – allerdings spärlichen – Reste einiger Gräber aus der Eisenzeit anschauen. Von hier führt ein traumhaft schöner *kyststi* – einer der alten Küstenpfade – zum Beispiel nach Osten, zum kleinen Fischerhafen von *Bakkerne.*

NEXØ

[117 E3–4] Kaum jemand auf Bornholm benutzt die angeblich offizielle Schreibweise Neksø, auch Behörden, Museen und alle Geschäfte haben sich auf das X in ihrem Stadtnamen geeinigt, der ja durch Martin Andersen Nexø sogar Eingang in die Weltliteratur gefunden hat. Der Hafen mit Fischfabriken und Werften und ein lebhaftes Geschäftszentrum mit Fußgängerzone prägen das Städtchen (8500 Ew.).

Erinnerung an einen großen Bornholmer: Martin-Andersen-Nexø-Büste

SEHENSWERTES

ALTSTADT

Autofahrer finden auf dem Platz zwischen Hafen und Stadt meistens Parkraum. Der *Markt* ist nur ein paar Schritte entfernt. Hier können Sie sich in traditionellen Konditoreien oder modernen Pizzerias vor oder nach dem Rundgang stärken, bei schönem Wetter direkt auf dem großen Platz. Vorschlag für einen Stadtbummel: erst in die Købmagergade zum *Amtmandsgård* (Haus Nr. 33), einem der wenigen alten Gebäude (1803). Hier hatte früher der Stadtvogt und Landrat seinen Sitz. In der Nähe (Haus 27) das Seemannsheim *(Sømandshjemmet)*, das als einfaches Hotel (und Restaurant) nicht nur für maritime Gäste offen steht. Schräg gegenüber: die ansehnliche *Kirche,* Ursprünge von 1450, Turm um 1700 im Renaissancestil erbaut, 1985 gründlich renoviert. Sie ist, wie die Stadtkirche von Rønne, dem Seefahrer-Schutzpatron Sankt Nikolaus geweiht. Durch Bryggeristræde, Brogade wieder zum Markt. In den Gässchen Kofoedsgade und Nyboder stehen ältere Häuser, noch weiter westlich, über den Paradisvej hinweg, liegt das *Schwedenviertel:* 75 Häuser, die vom Nachbarland nach dem Bombardement 1945 als Soforthilfe für die Obdachlosen gespendet wurden und nach wie vor bewohnt sind (z. B. Lindebergsvej und Kong Gustafsvej). Auf dem Weg zum Elternhaus von *Martin Andersen Nexø* – es liegt, am Südrand der Stadt – fallen in der Stormgade kleine Häuser auf (Nr. 6–32): 1875 gebaute Unterkünfte für Arbeiter. Ihre Lebensbedingungen hat Andersen Nexø eindrucksvoll geschildert. In seinem Elternhaus (er wurde 1869 in Kopenhagen geboren, wuchs aber hier auf, starb 1954 in Dresden) sind Erinnerungsstücke an den Dichter ausgestellt. *Ferskesøstræde 36 | Mitte Mai–Mitte Okt. Mo–Fr 10–16, Sa 10–14 Uhr | Eintritt 20 dkr*

NEXØ MUSEUM

Das gelbe Sandsteingebäude am Hafen, 1796 erbaut, war Rathaus, Gericht, Wache, Lagerhaus; seit 1969 beherbergt es das Heimatmuseum mit den Schwerpunkten Schifffahrt, Fischerei und Zweiter Weltkrieg/Besatzung. *Mitte Mai–Okt. Mo–Sa 10–16 Uhr | Eintritt 30 dkr*

ESSEN & TRINKEN

JANTZENS FRISTELSER

Ein abwechslungsreicher Platz am Hafen von Nexö, ein stimmiges Konzept, seit Gabriela und Kim Jantzen dieses Bistro-Restaurant führen. Es hat sich der neuen dänischen Küche verschrieben und arbeitet vorwiegend mit frischen Bornholmer Produkten. Kleine Gerichte auf der Mittagskarte (z. B. Herings- oder Käseteller) und die sehr ambitionierten Angebote von der Abendkarte (z. B. Perlhuhnbrust oder leckere vegetarische Gerichte) sind allemal eine Versuchung wert – das ist nämlich die Bedeutung des Wortes „Fristelser". *Havnen 44 | Tel. 56 49 20 90 | www.jantzensfristelser.dk | Mai–Aug. Mo–Sa 12–15 und 17.30–21 Uhr | €€–€€€*

TRE SØSTRE

Seit Jahrzehnten beliebt bei Seglern und vielen Urlauberfamilien; sehr kinderfreundlich. Angebot und Ambiente sind allerdings ein wenig in die Jahre gekommen und halten mit der Konkurrenz von gegenüber nicht mehr ganz Schritt. *Havnen 5 | Tel. 56 49 33 93 | kein Ruhetag | €€*

KUNSTHANDWERK

In und um Nexø sind einige der eher stillen **Kunsthandwerker** tätig, deren Besuch gleichwohl lohnt. So arbeitet die renommierte Keramikerin Helle Lund-Hansen am Aarsalevej 15 (im Sommer ist ihre Werkstatt von 10 bis 17 Uhr geöffnet). Auch etwas außerhalb, am *Plantagevej 10,* wirken die *Paradis*-Keramiker Eva Jakobsen

Insider Tipp

>LOW BUDGET

- Wer einen echten Bornholmer Flohmarkt besuchen möchte, der sollte nach Snogebæk fahren. Von Mitte Mai bis Mitte September treffen sich hier jeden Samstagvormittag Bornholmer Trödler mit einem breiten Sortiment alter, antiker und mitunter merkwürdiger Dinge. Handeln ist erlaubt, der Eintritt frei und der Spaß garantiert.
- Hafenfeste gibt es im Verlauf des Sommers in fast allen Küstenorten der Insel. Doch wer im Süden sein Quartier hat, für den bietet wiederum Snogebæk etwa Mitte Juli ein volles und urwüchsiges Volks- oder Hafenfest, bei dem sich halb Bornholm trifft. Von Freitagabend bis Sonntagabend laden viele urtümliche Buden zu Spaß und Spiel ein, und auf mehreren Bühnen und Festzelten heizen verschiedene Bands mit Dixiland, Country & Western und Rockmusik die Stimmung an. Der Eintritt liegt bei ca. 25 dkr.

und Melon Warnes *(in der Saison Sa–Mo 10–16 Uhr, sonst nach Vereinbarung, Tel. 56 44 12 45)*. Wie diese beiden gehört auch die Glaskünstlerin Anya Bendtsen *(Sverigesvej 6)* dem ACAB an, dem Qualitäts-Zusammenschluss der Bornholmer Kunsthandwerker.

ZIELE IN DER UMGEBUNG

AARSDALE ★ [117 E2]

Die sehenswerte Holländermühle von 1877 an der Küstenstraße nach Svaneke ist noch immer in Betrieb; man kann sie besichtigen und dort Mehl kaufen *(Eintritt 20 dkr)*. Die Holländermühle wurde 1877 von Hans Peter Mikkelsen gebaut und ist eine holländische Mühle. Sie ist als einzige Mühle in Dänemark noch in Betrieb und wird seit 2003 in vierter Generation von Finn Mikkelsen geführt. Der Sockel wurde aus 500 Fuhren Feldsteinen errichtet, die aus den Felsen bei Aarsdale geholt wurden. Die Mühle selbst wurde aus Ziegeln aus dem benachbarten Werk in Ibsker gemauert, das Holz für die Mühle und die Mühlenhaube auf dem Hof von Holms Hotel in Nexø zugeschnitten. Bruder Jesper Mikkelsen betreibt nebenan eine Schmuckwerkstatt und Steinschleiferei. Nach einem Blick in die Windmühle und die Werkstatt setzen die meisten Ausflügler ihren Weg an der Küste entlang fort – und das ist ein Fehler. Denn das Hafendorf Aarsdale (500 Ew., 5 km nördlich von Nexø), unterhalb der Mühle gelegen, ist ein besonders malerischer Ort, der einen in vergangene Zeiten zurückversetzt.

Im kleinen Aarsdale hat man die vergnügliche Wahl zwischen zwei sehr guten Räuchereien. Viele Gäste kehren bei Erik und Jette ein, weil ihr Platz nicht zu übersehen ist (an der Dorfstraße, *Gaden 2*, gegenüber vom Hafen). Nach wie vor hat auch *Hjorth's Røgeri* ihre treuen Stammkunden. Aber immer mehr Liebhaber der goldenen Heringe schwören auf *Kowsky's Räucherei*, die etwas versteckt in der *Gavlegade 11* ebenfalls nach alter Väter Sitte die Heringe in den Rauch hängt. Knud und Erik setzen hier die Tradition fort, die 1926 begann.

Sie nennt sich Bildkünstlerin, ist Malerin, experimentiert mit Farben und Materialien, aber macht auch Objekte rein dekorativer wie auch nützlicher Art, zum Beispiel Lampen: Lise Elvang lässt sich keinem Schema zuordnen. Das macht einen Besuch bei ihr, am Rande von Aarsdale, spannend und überraschend. Ihre Arbeitsweise beschreibt sie als „sehr gefühlsabhängig". Mal braucht sie Tage, ein anderes Mal Monate für eines ihrer Kunststücke. Lise Elvang, die Einzelgängerin, gehört der renommierten Arts & Crafts Association an, ein kleiner Teil ihres Schaffens ist in Grøbechs Hof in Hasle zu sehen. *Indenmarken 2 | Tel. 56 49 74 71 |* Besuch möglichst nur nach telefonischer Anmeldung

BODILS KIRKE [115 D4]

Etwa 3,5 km westlich von Nexø, an der Straße nach Aakirkeby. Der Name stammt von Bothulf, einem englischen Heiligen. Die Kirche hat ihre Ursprünge im Mittelalter, wurde aber oft umgebaut, zuletzt 1911. Sie besitzt zwei Taufsteine, einen von der Insel Gotland, einen neuen aus Granit, und eine schöne Renaissancekanzel aus dem Jahr 1600; Runensteine sind in der Vorhalle zu sehen (sie wurden beim Umbau in den alten Mauern gefunden).

PARADISBAKKERNE [115 D3]
Paradisbakkerne, auf Deutsch Paradieshügel, ist ein wunderschönes Naturschutz- und Wandergebiet von fast 500 000 m², etwa 3 km westlich von Nexø. Ausgeschilderte Wege von 1 Std. (roter Kreis), 2 Std. (blaues Viereck) und 3 Std. (gelbes Dreieck) führen durch Felsschluchten, Mischwald, Heide, Hochmoore, vorbei an Seen und Tümpeln. Der berühmte Wackelstein *(Rokkesten),* ein Lieblingsziel der Kinder, ließ sich früher angeblich mit dem kleinen Finger bewegen, ist inzwischen aber nur sehr schwer in Bewegung zu setzen.

Viele Ferienhausfamilien aus dem Süden ziehen mit Eimern und Körben in dieses Paradies, um Blaubeeren zu sammeln. Insider Tipp Nirgendwo sind sie dicker oder wachsen in größeren Mengen; sie schmecken zu Ymer, der dänischen Joghurtversion, mit Milch oder auf einem schnell gebackenen Kuchen.

SNOGEBÆK

[117 D–E5] **Rund um den Hafen eine etwas willkürlich wirkende Ansammlung bunter Häuser und alter Fischerhütten, ein paar kurze Straßen, an denen sich Boutiquen, Restaurants und Souvenirgeschäfte abwechseln: Was macht das Flair aus, das dieser Ort zweifellos hat?** Vielleicht dies: Snogebæk verbindet, was eigentlich nicht zusammengeht – deftige Ursprünglichkeit und ein gewis-

Beliebtes Ziel für Radwanderer: die Wimdmühle bei Aarsdale

ses modisches Etwas: Da tanzen abends Jungurlauber und gestandene Insulaner in *Sørens Værtshus* zusammen auf dem Tisch, eine Ecke weiter, in *Den lille Havfrue,* genießen schicke Segler, deren Yacht hier für eine Nacht festgemacht hat, kognakflambierte Scampi.

ESSEN & TRINKEN

ÆBLEHAVEN

Der „Apfelgarten" ist mit Abstand das beste (und teuerste) Restaurant in Snogebæk. Koch (und Inhaber) Henrik und seine thailändische Frau bieten eine ebenso phantasie- wie anspruchsvolle Fusionküche, z.B. Bornholmer Lamm mit rotem Curry und zum Dessert pochierte Mangos. Das Ambiente ist angenehm gediegen, der Kaffeegarten romantisch. *Hovedgade | 15 | Tel. 56 48 88 85 | www.aeblehaven.com | mittags geschl.* | €€€

BRENO'S

Gemütlich, mit Wintergarten und Minigolfbahn. Der Service ist freundlich und die Qualität der Speisen, z. B. gefüllte Hähnchenbrust, ordentlich. *Hovedgaden 3 | Tel. 56 48 90 44 | im Sommer kein Ruhetag* | €€€

DEN LILLE HAVFRUE

„Die Kleine Meerjungfrau" gehört zu den beständigen Adressen in der wetterwendischen Snogebæker Restaurantszene. Hier isst man gut dänisch, vom Smørrebrød über Frokostplatten bis zu Traditionsmenüs. Die Weinkarte ist (leider) von überseeischen Gewächsen dominiert. *Hovedgaden 5 | Tel. 56 48 80 55 | www.denlillehavfruebornholm.dk | im Sommer kein Ruhetag* | €€

SØRENS VÆRTSHUS ★

Die urigste Hafenkneipe östlich von Kopenhagen. Sørens Wirtshaus ist das Stammlokal alteingesessener Fischer, langjähriger Bornholmfahrer und begeisterter Premierengäste. Sie alle lieben die Stimmung im Wirtshaus, Papas Pizza und das dünne Bier vom Fass. *Hovedgaden 1 g | Tel. 56 48 80 20 | kein Ruhetag* | €–€€

EINKAUFEN

Entlang der Hauptstraße *(Hovedgade)* befinden sich fast alle Restaurants, Boutiquen und Souvenirläden. Das Angebot reicht von anspruchsvollerem Kunsthandwerk bis hin zu allerlei Souvenirklimbim, sodass jeder für seinen Geschmack etwas finden kann. Besonders originell ist der *Bo Bendixen Shop (Hovedgade 10 | www.bobendixen.dk)*, wo man eine große Auswahl ungewöhnlicher T-Shirts, Sweatshirts, Jacken für Sie und Ihn und die Kids bekommt. Für die Leckermäuler lohnt es sich, einen Abstecher zu *Kjærstrup (Hovedgade 9)* zu machen, wo handgemachte Schokolade angeboten wird. Auch die *flodeboller* sind zu empfehlen.

ÜBERNACHTEN

Die Ferienhauskolonien südlich von Snogebæk (links und rechts vom Turistvej) und nördlich in und um Balka sind bei den Urlaubern sehr beliebt. Bei Balka ist der Strand besser, am Turistvej die Umgebung schöner.

ZIELE IN DER UMGEBUNG

BALKA [117 D4]

Der breite, kinderfreundliche Strand schließt im Norden an Snogebæk an.

Auch hier wohnen viele Ferienhausurlauber sehr schön im Grünen, zwischen dem Strand und der Straße nach Nexø.

Die meisten Häuser sind älteren Baujahrs, viele davon wurden renoviert und modernisiert. Ein oft sehr gut belegter Campingplatz und zwei Mittelklassehotels runden das Übernachtungsangebot an der Südwestecke der Insel ab: *Balka Søbad | 106 Zi. | Vestre Strandvej 25 | Tel. 56 49 22 25 | Fax 56 49 22 33 |* €€, setzt vor allem in der Vor- und Nachsaison auf Gruppen, *Balka Strand | Boulevarden 9 | Tel. 56 49 49 49 | Fax 56 49 49 48 | www.hotelbalkastrand.dk |* €€, hat wohl den vierten Stern, den beide Häuser beanspruchen, eher verdient. Es hat zwar doppelt so viele Zimmer (über 200), wirkt aber dennoch persönlicher und aufmerksamer geführt.

Ein kleines Kunsthandwerkerzentrum namens Cassius Clay und eine Textilboutique *(Grøn Tryk)*, beide am *Vestre Strandvej 12*, lohnen auch für Durchreisende auf dem Weg nach Nexø einen Stopp in Balka.

Möwen auf der Kaimauer am Hafen von Snogebæk

HUNDSEMYRE [117 D5]

In dem 500 000 m² großen Moorgebiet nördlich von Snogebæk sind Graureiher, Fischadler, Bussarde, Weihe und viele Entenarten zu Hause. Eine Rundwanderung dauert etwa eine Stunde. Während der Brutzeit *(Mitte März–Mitte Juli)* darf man nicht ins Moor, kann aber die Vögel von einem Turm aus beobachten.

> DAS GRÜNE HERZ

Spaziergang durch die Blumenstadt Aakirkeby, Wanderungen im Ekkodalen und auf den höchsten Berg der Insel

> Bornholmneulinge, zum ersten Mal auf Tour abseits der Strände und Klippen, sind meistens völlig verblüfft: So viel Grün, so viel abwechslungsreiche Natur zwischen den Küsten haben sie nicht erwartet.

Da sind die inseltypischen Spaltentäler, einige mit Wander- und Radwegen durchzogen, andere naturbelassen, stille Reviere für „Pfadfinder". Flüsschen und Bäche winden sich durch diese engen Täler, fast alle von Südwest nach Nordost. Dann ist da, schon ziemlich weit im Nordosten, die felsenübersäte Hochheide im großen Naturschutzgebiet um Rutsker. Und, wieder ein anderes Bild: Auf Wanderungen oder Radtouren überraschen Moorlandschaften, von alten Eichen umstanden. Und Wälder, Wälder, wie es sie so vielfältig nirgendwo in Dänemark noch einmal gibt. Über ein Fünftel der Inselfläche ist Wald, Bornholm somit das grünste Amt in ganz Dänemark.

Bild: Rapsfeld bei Rutsker

DIE INSELMITTE

Kontrast zur Einsamkeit: die Blumenstadt Aakirkeby mit der größten, ältesten und – von den Rundkirchen einmal abgesehen – auch kunsthistorisch wichtigsten Kirche, mit einem lebendigen Zentrum, von Geschäften und Cafés gesäumt, Museen, die vor allem Kinder und Technikliebhaber anziehen, wie das Automuseum, „Kultplätze" wie die Trabrennbahn oder die Tierschauen, deren Besuch ziemlich nahe an die Seele der Bornholmer führt. Und natürlich das großartige Erlebnismuseum Natur Bornholm, das auf phantastische Weise die Entstehung, die Geologie und die Landschaft Bornholms präsentiert.

AAKIRKEBY

[116 A3] Im Mittelalter wurden von hier aus die Geschicke Bornholms bestimmt. 1346 unterschrieb der Erzbischof von Lund die Stadtrechte, 1510 brannten die Lübe-

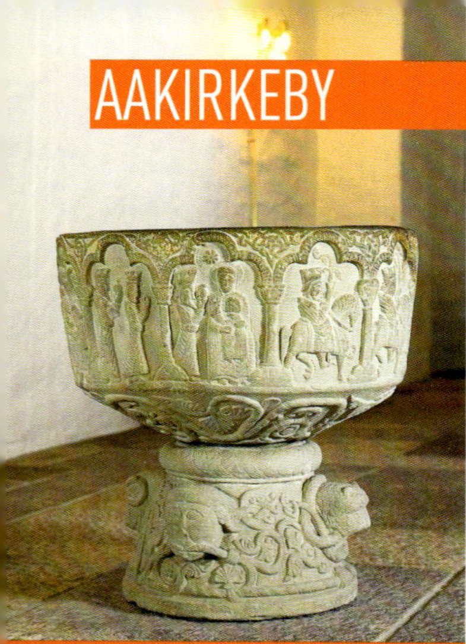

Taufbecken in der Aakirke

cker den Ort nieder. Von diesem Schlag sollte sich Aakirkeby nie mehr richtig erholen. Zwar wurde noch bis 1776 hier im Binnenland Gericht abgehalten; aber da war der Hafen an der Südküste schon versandet, die Stadt längst in eine Art Dornröschenschlaf gefallen. Erst mit dem Bau der Eisenbahn vor 100 Jahren kam ein Aufschwung in die Stadt. Und heute, längst wieder ohne Eisenbahn, ist die Blumenstadt (2250 Ew.) ein freundliches Ackerbürgerstädtchen.

SEHENSWERTES

AAKIRKE ★

Das älteste, größte und neben den Rundkirchen auch bedeutendste Gotteshaus, der „Bornholmer Dom", ist Johannes dem Täufer geweiht. Sicher ist dies auch der Grund für die Pracht des Taufbeckens, aus gotländischem Sandstein zwischen 1150 und 1200 gefertigt. Aus dieser Zeit stammen auch die romanischen Ursprünge der Aakirke. Runensteine in der Vorhalle, eine wunderschöne Kanzel und ein Altar vom gleichen Meister, Jacob Kremberg aus Schonen, im Jahr 1600 im Renaissancestil geschnitzt, sind weitere Sehenswürdigkeiten. *Mai und Sept. 10–16, Juni–Aug. 9.30–17 Uhr | Eintritt 10 dkr*

AUTOMUSEUM

Über 40 Krafträder und Autos aus alter Zeit, liebevoll gepflegt und nett präsentiert. Dazu eine Werkstatt aus den 1920er-Jahren, komplett eingerichtet, und sogar eine Sammlung historischer Automobilzeitschriften. *Grammegårdsvej 1 | Mai–Okt. Mo bis Sa 10–17 Uhr | Eintritt 35 dkr*

NATUR BORNHOLM ★

Gut 12 Mio. Euro waren verbaut, als der spektakuläre Granitblock vor den Toren Aakirkebys im Mai 2000 eröffnet wurde – bestens angelegtes Geld. Denn nur das Kinderparadies Joboland und das Kunstmuseum Helligdommen ziehen jedes Jahr noch mehr Gäste an. Das Museum für Flora und Fauna, für Geologie und Erdgeschichte ist ein lehrreicher, spannender Abenteuerspielplatz. Schautafeln, Filme, Dioramen, aber auch Biologen, Botaniker, Ranger vermitteln ein Bild von Natur und Umwelt, wie es plastischer, lebendiger, ja fröhlicher kaum möglich ist. *Grønningen 30 | April–Okt. tgl. 10–17 Uhr | Eintritt 95 dkr | www.naturbornholm.dk*

EINKAUFEN

Wer Shopping gern mit kleinen Entdeckungen verbindet, kann im Städtchen erfolgreich sein. Da ist z. B., direkt am Markt, das Haushaltsgeschäft *Bilenberg,* eine Fundgrube für ebenso praktische wie geschmackvolle Kleinigkeiten. Und Bornholms letzte *Landschlachterei (Brovangen 18 | Mo geschl.)* ist der Geheimtipp vieler Feinschmecker unter den Ferienhausköchen. Die sehr Insider Tipp kreative *Galleri 2 'rn* *(Eskilsgade 4)* bietet neben Exponaten einiger Kunsthandwerker aus der Region vor allem Bilder von Künstlern außerhalb Bornholms an.

Insider Tipp **WEIN, WHISKY, KAFFEE**

In einem alten Haus neben dem Markt hat der ehemalige Journalist Søren Wolff einen gemütlichen Laden zur Wein- und Whiskyverkostung eingerichtet, auch zum Verkauf von über 200 Sorten Whisky- und mindestens so vielen Weinsorten aus aller Welt. Im Sommer lässt sich der Genuss in das hauseigene Café vor der Tür (keine Plastikstühle!) verlagern, mit Blick auf die große Kirche des Orts. *Torvet 2 | www.bornholmsvinforsyning.dk*

KUNSTHANDWERK

VIBEKE BARFOED

Die Eisenkünstlerin gehört zu den renommiertesten und sympathischsten Handwerkerinnen auf der Insel. Immer wieder zieht es ihre Stammkunden in den wunderhübschen Hof südöstlich von Aakirkeby. Außer ihren hochbeinigen Vogelskulpturen schmiedet Vibeke Barfoed auch individuelles Kaminbesteck und andere Gebrauchskunst. *Askeløkkevejen 9*

ELSE LETH NISSEN Insider Tipp

Schon der Weg zur Werkstatt dieser kreativen Glaskünstlerin lohnt den Abstecher. Er führt von Aakirkeby auf der Landstraße ostwärts Richtung Nexø. Etwa auf halbem Wege zwischen den beiden Städten biegt man nach Norden in den Ravnsgaardsvejen ab und rollt – mit Auto oder Fahrrad – gemächlich durch eine Wald- und Wiesenlandschaft, die aussieht, als hätte der Rest der Welt sie vergessen. Und dann sind da der Hof von Else Nissen, ihre Werkstatt, ihr Schauraum. Mit ihren Arbeiten ragt sie aus dem oft nur durchschnittlichen Angebot vor allem der großen Glasbläsereien heraus. *Ravnsgårdsvejen 5 | Tel. 56 97 53 12 | Mitte Mai–Mitte Sept. Mo–Fr 13–18 Uhr*

ÜBERNACHTEN

Einige einfache Pensionen, ein Drei-Sterne-Campingplatz *(Haregade 23 | Tel. 56 97 55 52 | www.acamp.dk)*, die Jugendherberge Rosengaarden inBoderne *(Tel. 56 97 49 50 | www.rosen*

MARCO POLO HIGHLIGHTS

★ **Aakirke**
Die größte Kirche der Insel
(Seite 80)

★ **Natur Bornholm**
Hier wird Natur spannend erklärt
(Seite 80)

★ **Almindingen**
Wunderschönes Wanderrevier mit vielen Höhepunkten, unter anderem Bornholms höchster Berg, das Echotal – und Trabrennen, Kult für Bornholmer und Gäste gleichermaßen
(Seite 82)

gaarden.dk) und vor allem preiswerte und familienfreundliche Unterkünfte auf Bauernhöfen und in Ferienhäusern vermittelt z. B. Feriepartner Bornholm *(Hans Rømersvej 1 | Tel. 56 97 12 20 | www.feriepartner-bornholm.dk).*

ZIELE IN DER UMGEBUNG

NYLARS KIRKE [115 D3]

Nylars gilt den Kunst- und Kirchenhistorikern als die gelungenste Rundkirche, obwohl (oder vielleicht auch: weil) sie weitgehend aus derben Feldsteinen gefügt und die Details vielfach aus simplem Kalk bestehen. Die spätromanischen Fresken im oberen Teil der Mittelsäule sind die ältesten auf der Insel (um 1250 oder 1300 entstanden). *Mai–Mitte Okt. Mo–Sa 9–17 Uhr | 7 km westlich*

VESTERMARIE KIRKE [115 D2]

Diese neuromanische Landkirche in Vestermarie wurde erst um 1884 auf den Fundamenten eines mittelalterlichen Gotteshauses gebaut. Dabei wurde, selten für Bornholmer Bauwerke, rötlicher Granit verwendet. Eine liebevoll ausgemalte Kassettendecke im Innern der Kirche und sechs Runensteine auf dem Friedhof sind die wesentlichen Sehenswürdigkeiten der Kirche. *Mai–Sept. Mo–Sa 7–16, Okt. Mo–Sa 8–15.30 Uhr | 8 km nordwestlich*

ALMINDINGEN

[115–116 E–C 1–3] ★ **Der Name sagt, dass hier die Allgemeinheit (allmende) seit dem Mittelalter einen Weideplatz hatte.** Noch früher war die ganze Gegend von vegetationsreicher Hochheide bedeckt. Aber nachdem das Vieh über Jahrhunderte alles kahl gefressen hatte, trat um 1800 herum der Oberförster Hans Rømer auf den Plan. Gegen den Widerstand der Bauern setzte er eine Aufforstung durch. Zudem ließ er eine fast 10 km lange Mauer um den Forst

Hier gehts rund: Traber auf der Rennbahn in Almindingen

errichten, damit das Vieh nicht an die frischen Setzlinge kam (an einigen Stellen sind noch Mauerreste zu erkennen). Einmal im Jahr, am letzten Juniwochenende, ist das Vieh allerdings auch heutzutage gern gesehen im Almindinger Wald. Dann nämlich treffen sich Bauern und andere Besucher zur legendären Tierschau auf der Trabrennbahn. Zum Trabrennen gehören Wetten, viel Spaß und zumindest bei gutem Wetter auch ein Picknick. Kein Fußballspiel, kein anderes Ereignis lockt soviel Zuschauer an wie einer der traditionellen Renntage auf dem Geläuf von Almindingen. Die Termine sind im Sommer in jeder Ausgabe von „Denne Uge Bornholm" zu finden. Aus der Rømer-Plantage ist inzwischen ein Forst von 24 km^2 geworden, ein abwechslungsreiches Wanderrevier. Drei gut gekennzeichnete Wege von 3, 4 und 5 km Länge führen durch die schönsten Teile, zum *Ekkodalen* (Echotal), zum Berg *Rytterknægten,* vorbei an den Resten der alten Fluchtburgen *Gamle-* und *Lilleborg,* zum 10 000 Jahre alten *Rokkesten* – er hütet nicht nur angeblich einen Diamantenschatz, er soll auch manchmal richtig wackeln –, schließlich, vom Forsthaus Segen aus, zu den sogenannten versteckten Seen.

SEHENSWERTES

EKKODALEN [115 F2]

Der knapp einstündige Weg zur längsten und aufregendsten Felsschlucht der Insel beginnt am Forsthaus Springbakke, an der Straße nach Vestermarie. Von dort führt ein steiler Anstieg bis zu einem Aussichtspunkt. Wer bis dahin nicht aus der Puste gekommen ist, dem verschlägt womöglich der traumhafte Panoramablick den Atem. Der Abstieg ins eigentliche Echotal ist beschwerlich, der Blick vom *Fuglesandsrenden* (beim Parkplatz Traktørsted) wird den meisten Wanderern genügen.

LILLEBORG & GAMLEBORG [115 F2]

Bis weit ins 13. Jh. hinein versuchten die Könige von der Mitte der Insel aus den Machtgelüsten des Erzbischofs aus Lund zu trotzen. 1259 scheiterte dieser Versuch endgültig; das bischöfliche Heer zerstörte die mächtige Lilleborg (die Kleine Burg), von deren Ruinen auf einem Felsen oberhalb des Waldsees Borresø Reste zu sehen sind. Die Burg war recht groß. Das zweistöckige Hauptgebäude war 26 m lang und 8 m breit. Sie muss prächtig ausgestattet gewesen sein, zum ersten Mal in Dänemark überhaupt wurde hier Fensterglas verwendet. Sehr viel älteren Ursprungs sind die Reste der Gamleborg, der Alten Burg. Sie war Fluchtburg im frühen Mittelalter.

RYTTERKNÆGTEN [115 F2]

Der „Knappe" (wörtlich: Reiterknecht) ragt 162 m in die Höhe: Bornholms höchste Erhebung. Vom *Kongemindet* (einem Gipfelturm aus Granit, 1856 zur Erinnerung an den Besuch von König Frederik VII. errichtet, 1899 noch einmal um 9 m verlängert) schauen Sie sogar aus 184 m in die Weite.

ESSEN & TRINKEN

FRU PETERSENS CAFÉ

Insider Tipp

Es war einmal eine richtig schöne alte Dorfschule. Von 1908 an lernten hier gut 80 Jahre lang Generationen von Kindern aus dem Kirchspiel Østermarie lesen, schreiben, rechnen und anständiges Benehmen. Später zog ein Kramladen ein, noch später, 1997, machte Veny Petersen ein Café aus dem kuscheligen Gemäuer mit de zauberhaften Garten. Aber erst, seit zehn Jahre später Helle Hansen das Café übernahm, wurde ein richtig märchenhaftes Plätzchen daraus. Man bedient sich am großen Büfett und schwelgt auf gute dänische Weise in Torten und Kuchen – aber bitte mit Sahne! *Almindingensvej 31 | in Østermarie | Juli/Aug. tgl. ab 13 Uhr, sonst wechselnde Öffnungszeiten | www.frupetersenscafe.dk*

CAFÉ NORLANDA

Insider Tipp

Das kleinste Café der Insel, in dem man leckeren selbst gebackenen Kuchen bekommt. Und wer auf ein Mitbringsel von seinem Bornholmurlaub aus ist, kann so ganz nebenbei in der angeschlossenen kleinen Boutique allerlei Geschenke, Mitbringsel und mehr finden. *Stavsdalvej 25 | Østerlars*

>LOW BUDGET

- Auf dem *Rytterknægten* in Almindingen, steht ein phantastischer Aussichtsturm, von dem man bei guter Sicht fast die ganze Insel überblicken kann. Der Turm ist jedoch schon allein einen Ausflug wert. Er erinnert in seiner Bauweise ein wenig an den Pariser Eiffelturm: Die letzten Meter bestehen aus einer Stahlkonstruktion mit Wendeltreppe, die man in luftiger Höhe überwinden muss, um den Ausblick genießen zu können. Dafür ist der Eintritt frei.
- Im Juli/August findet jeden Dienstag, 19 Uhr in *Aakirkeby* eine historische Stadtwanderung, mit deutschsprachigem Führer statt, Treff Marktplatz, 20 dkr pro Teilnehmer. Nach dem ca. einstündigen Rundgang durch die Gassen der Stadt oder auch separat besteht um ca. 20 Uhr die Möglichkeit der Teilnahme an einem Abendgesang in der Aakirke mit anschließendem Rundgang und Turmbesteigung, Eintritt frei.

KLEMENSKER

[111 D5] **Früher war Klemensker eine wichtige Eisenbahnstation, heute ist es ein etwas abseits gelegenes Dorf (800 Ew.), aus dem die Kirche und, höher noch, die Kühltürme der Milchgenossenschaft ragen.** Die schönste Binnentour auf dem grün ausgezeichneten Radwegenetz führt durch Klemensker – auf halbem Weg zwischen Rønne und Helligdommen.

SEHENSWERTES

KLEMENS KIRKE

Sie wurde, wie einige andere Landkirchen, auf der Insel auch vor etwas mehr als 100 Jahren im Rahmen einer Erweckungsbewegung gebaut. Vorher stand hier ein wesentlich älteres Gotteshaus aus dem Mittelalter. Neuere Kunst passt gut in dieses Gotteshaus, zum Beispiel zwei ausdrucksstarke Altarbilder des renommierten Bornholmer Malers Paul Høm. Auch eine 200 Jahre alte Bornholmer Standuhr ist im Innern aufgestellt. *Di–Fr 8–11.30 und 13–15, Sa 8 bis 11.30 Uhr*

ZIELE IN DER UMGEBUNG

KRÆMMERHUSET [111 E6]

Etwas abgelegen. Man gelangt auf einer kleinen Straße, die zwischen Aarsballe und Klemensker abzweigt, nach etwa 3 km plötzlich an einen Ort der Idylle: ein wunderschöner alter Garten mit zahlreichen Bäumen, Pflanzen, Blumen, Steinen, einem kleinen Teich und verschiedenen Beeten. Die drei norwegischen Schwestern Frøydis, Anina und Schnefrid kümmern sich jedoch nicht nur allein darum, sondern sind auch sehr vielseitig kunsthandwerklich begabt: Malerei, Stickerei, Patchwork, Keramik, Weidenflechten, Trockenblumen und mehr. Das alles kann man in der auf dem Hof befindlichen, ebenfalls mit viel Liebe eingerichteten Boutique kaufen oder auf einem der zahlreichen angeboten Kurse erlernen und dann selbst herstellen. Alle Schwestern sprechen gut deutsch. *Skarpegadevej 6 | Mo–Fr 9–17.30 Uhr | Eintritt frei | www.kraemmerhuset.com*

RØ PLANTAGE [111 F5]

Dieses heute so natürlich und alt wirkende Waldgebiet ungefähr 5 km östlich von Klemensker, das zweitgrößte auf Bornholm, wurde erst um 1870 angelegt. Davor war es Hochheide, stark genutztes Weideland. Anders als in Almindingen wird das Bild hier von Nadelwald geprägt. Im Sumpfgelände und in den kleinen Mooren können botanisch Interessierte (und Kundige) eine Vielzahl seltener Pflanzen entdecken. Tierfreunde haben gute Chancen, Rehe zu beobachten. Für Vogelliebhaber: Der Forst ist Heimat mehrerer Schwarzspechte.

Naturschutzgebiet Rø Plantage

RUTSKER HØJLYNG [111 E4]

Højlyng heißt Hochheide. In diesem Naturschutzgebiet nördlich der Straße von Klemensker nach Rø sieht es aus, wie es früher in Almindingen und in der heutigen Rø Plantage ausgesehen haben muss. Die weitgehend unter Naturschutz stehende Heidelandschaft, durchsetzt von Wacholderbüschen und unzähligen Felsbrocken aus der Eiszeit, reicht bis in die Nachbarregionen Norden und Ostküste. In diesem Wandergebiet sind Wackelsteine beliebte Anlaufstellen. Aber weder der große, ein 20-Tonner, noch ein kleinerer – geschätztes Gewicht 7 t – lassen sich bewegen. Wanderwege beginnen am Parkplatz *Slettevej*.

> AUF ENTDECKUNGSTOUR

Lassen Sie das Auto einmal stehen: Bornholm lässt sich ideal zu Fuß oder mit dem Fahrrad erkunden

Die Touren sind auf dem hinteren Umschlag und im Reiseatlas grün markiert

1 AUF DEN SPUREN DES MALERS OLUF HØST

Bis heute gilt Oluf Høst, 1884 in Svaneke geboren, als der beliebteste und berühmteste Maler der Insel. Eine Wanderung von knapp 5 km Länge (Dauer etwa anderthalb Stunden) auf wenig bekannten, zum Teil geradezu verwunschen wirkenden Wegen folgt seinen Spuren.

Ausgangspunkt ist das Wohnhaus am Nørresand-Hafen, wo der Künstler von 1929 bis zu seinem Tod 1966 gewohnt hat, heute ein sehenswertes **Museum** *(S. 59)*. Der kleine Hafen im Nordosten von **Gudhjem** *(S. 59)* wurde früher, noch zu Høsts Zeiten, von Kuttern und Seglern an stürmischen Tagen angelaufen.

Ein paar Hundert Meter führt der Weg nun an den Klippen entlang und dann eine Treppe hinauf. Von dort oben bietet sich ein erster schöner Blick auf die Felsen, die aus gutem

Bild: Gudhjem

AUSFLÜGE & TOUREN

Grund Möwenstühle genannt werden. Die Route folgt ein Stück Dänemarks einziger Berg- und Serpentinenstraße *(Nørresand)*, um dann in den alten Rettungsweg *(rednings sti)* zu münden.

Vorbei an dem sogenannten Prinzessinnengarten, geht der Pfad durch eine Apfelplantage und ein Heidegebiet. Auf einer Bank zur Rechten können Sie ausruhen und den Blick auf den Hafen genießen. Im Hintergrund sind bei gutem Wetter die Erbseninseln auszumachen. Høst hat hier oft gesessen und gemalt. Opfersteine aus der Bronzezeit lassen sich im grünen Dickicht linker Hand entdecken Dann aber geht es nach links ins Gehölz, steil nach oben. Im Frühjahr blühen hier wilde Kirschen, im Herbst leuchten rote Blätter wie Laternen den Weg aus. Rechts liegt nun der Hof **Bognemark**, wo Høst lange Zeit gelebt hat. Das Anwesen war 1998 abgebrannt, ist aber inzwischen wieder aufgebaut. Hier malte Oluf Høst seine berühmten Sonnenuntergänge. Der Weg führt noch über einen Hügel, knickt dann, nach einer Bank, erst nach links, gleich darauf nach rechts ab (am Schild, das auf die Bautasteine aus der Bronzezeit hinweist). Wie ein Zauberwald aus alten Büchern wirkt nun die Landschaft.

Insider Tipp

Das *Graamyr* (Graumoor), nächster Etappenpunkt, ist in ein paar Minuten schon erreicht: Baumstämme, die aussehen, als hätten Trolle sie verdreht – in Wahrheit hat dies das Geißblatt geschafft. Seerosen und Wasserminze bedecken Teile des Sees, der von Bänken gesäumt ist. Naturfreunde lieben die Stille hier im Moor, und die alten Bornholmer zeigen ihren Gästen gern einen der berüchtigten Tanzplätze der Unterirdischen (Krølle-Bølle & Co.).

Nach Nordosten führt der Weg nun wieder über die Hauptstraße hinweg, Richtung Gudhjem. Der **Bokulberg** ist letzte Station auf dem Oluf-Høst-Weg. Hier entstanden wohl die meisten seiner Bilder. Wer nicht zu guter Letzt in den angenehmen Gasthof Bokulhus einkehren möchte, steigt nach links, über die Løkkegade, wieder zum Museum hinab, vor dem der größte Maulbeerbaum der Insel steht. Wer aber die Natureindrücke mit einem guten und sehr inseltypischen Essen abschließen möchte, findet im traditionsreichen, aber keineswegs plüschigen *Bokulhus* *(Bokulvej 4 | Tel. 56 48 52 97 | im Sommer kein Ruhetag | €€)* angenehmes Ambiente und ein hervorragendes Speiseangebot in Richtung gehobene bürgerliche Küche vor.

Insider Tipp

2 RADTOUR VON NORD NACH SÜD

Vielfach werden Radwanderungen rund um die Insel vorgeschlagen, auf Wegen, die die schönste Küstenstraße Dänemarks begleiten – ungemein reizvoll, aber meist auch sehr anstrengend. Denn Bornholm ist wesentlich hügeliger, als mancher Neuling vermutet. Die hier vorgeschlagene Tour ist weniger anstrengend und mindestens so abwechslungsreich: Anfangs gilt es, einige Steigungen zu überwinden, aber grundsätzlich fahren Sie auf dieser Tour die meiste Zeit bergab. Nehmen Sie sich einen ganzen Tag Zeit für diese 50 km lange Strecke.

Start ist am westlichen Ortsrand von **Allinge** *(S. 47)*, wo der ausgeschilderte Radwanderweg nach **Slotslyngen** *(S. 53)* beginnt. Von hier führt eine kleine Straße 2 km nach Norden, zur Burgruine **Hammershus** *(S. 52)*. Die auf dem Steilufer über der nördlichen Westküste thronende Festung bietet einen imposanten Anblick. Beim Eingangsweg erinnert ein Denkmal an den Bornholmer Volksaufstand von 1658. Damals siegten die Insulaner endgültig über die Schweden. Seitdem gehört Bornholm zu Dänemark.

Wer sich diesen etwas ausführlicheren Abstecher sparen will, schlägt gleich die Landstraße südwärts nach **Olsker** *(S. 55)* ein. Olsker liegt sowohl etwa 4 km von Allinge als auch von Hammershus entfernt. Im Ort lohnt die zweitgrößte Bornholmer Rundkirche eine Besichtigung.

Von Olsker bis zum „Südkap" bei Dueodde geht die weitere Route nun über bestens ausgeschilderte, gut gepflegte Radwanderwege. Nach etwa

6 km mag man vielleicht eine erste Pause im Hochheidegebiet **Rutsker Højlyng** *(S. 85)* einlegen. Kinder werden dort schnell auf den **Rokkesten**, den großen Wackelstein, neben dem Radweg zusteuern, ihn aber kaum bewegen können – er wiegt über 20 t. Immerhin ein reizvolles Fotomotiv und ein schöner Picknickplatz. Auch Insider Tipp *Spællingemosen,* das nächste Etappenziel, werden naturorientierte Familien mögen. Hier singt die Nachtigall, und in den kleinen Moorseen lassen sich Teichhühner, Enten und andere Wasservögel beobachten.

Am westlichen Rand der großen **Rø Plantage** *(S. 85)* entlang führt nun der Radweg Nr. 26 in den **Almindingen** *(S. 82),* ins grüne Herz der Insel. Suchen Sie nach den Resten der alten Burg **Gamleborg** *(S. 83),* wo vor über 1000 Jahren Ritter hausten; probieren Sie das Echo in **Ekkodalen** *(S. 83)* gleich nebenan; spüren Sie den alten Sagen vom Kampf der Bornholmer gegen den Erzbischof von Lund in den spärlichen Ruinen der **Lilleborg** *(S. 83)* nach.

Nun wechselt die Nummer, und der Weg 25 führt auf **Aakirkeby** *(S. 79)* zu. Der Marktplatz und die kleine Altstadt bieten sich für einen abwechslungsreichen Bummel an. Wer dann noch genügend Puste hat, folgt dem Radweg Nr. 21 ein Stück nach Osten, Richtung Nexø, schlägt aber schon nach etwa 2 km die Nr. 24 nach Süden ein. In der Bäckerei von **Pedersker** *(S. 71)* ist Gelegenheit, sich für die letzte Etappe zu stärken. Sie führt über den Weg Nr. 10 nach Süden und Südosten. Ziel ist die Eisbude am großen Parkplatz (Bushaltestelle) von **Dueodde** *(S. 67).*

In Allinge beginnt die Radtour in den Süden der Insel

EIN TAG AUF BORNHOLM

Action pur und einmalige Erlebnisse.
Gehen Sie auf Tour mit unserem Szene-Scout

RUNDSTYKKER-FRÜHSTÜCK

9:30

Auf zum leckeren *Danske Morgenmad*, dem typisch dänischen Frühstück! Köstlich frische *rundstykker* (verschiedene Sorten kleiner Brötchen) und ein *wienerbrød*, ein süßes Teilchen aus Blätterteig, dürfen da natürlich nicht fehlen. **WO?** *Gudhjem Bageri, Brøddegade 16, Gudhjem | Di–So ab 7 Uhr | Tel. 56 48 56 03 | www.gudhjem.nu/bageri.htm*

10:30

SCHIFF AHOI!

Mit der „MS Thor" geht es vom Hafen aus an der imposanten Küste entlang bis zu den steilen Klippenwänden der Helligdommen und zurück. Felslandschaft bewundern, Wind um die Nase streichen lassen – und die Kamera aktivieren: Die Aussicht ist einmalig! **WO?** *Start: Hafen Gudhjem | Tel. 56 48 51 65 | Kosten: ab 100 dkr/Fahrt (Fahrkarten an Bord) | www.ms-thor.dk*

STEINARBEIT

12:00

Ran an Hammer und Meißel! Einen Hinkelstein, so wie ihn Obelix liebt, können Sie im Steinbruchmuseum *Moseløkken* selbst behauen. Gegen Gebühr werden Werkzeug, Sicherheitsausrüstung und natürlich ein Granitfels zur Verfügung gestellt! **WO?** *Moseløkkevej 4, Allinge | Okt.–April | www.bornholmsmuseer.dk/moseloekken*

13:00

LUNCH MIT AUSBLICK

Nach der Anstrengung haben Sie sich eine Stärkung verdient! Im Restaurant *Middelhavet Rundt* bringen Bornholmer Lamm mit Rosmarin und Knoblauch oder Schwertfisch mit Zitronenjus und Gemüse die Kräfte wieder zurück. Tipp: Die besten Plätze sind im Garten! **WO?** *Rønnevej 64, Olsker | Tel. 56 44 51 91 | www.olsker.dk*

24h

RITTERSPIELE

14:00

Genug Kraft getankt, jetzt wird es ritterlich! Im Mittelaltercenter in Østerlars geht die Reise in die Zeit des 15. Jhs. – mit Lanzen, Schwarzpulver, Rittern und Turnieren im Herrenhof. Zu Schwert oder Bogen greifen, in die Rüstung steigen und sich am mittelalterlichen Dorftrubel beteiligen. Spannend! **WO?** *Bornholms Middelaldercenter, Stangevej 1 | Tel. 56 49 83 19 | Kosten: 95 dkr | www.bornholmsmiddelaldercenter.dk*

17:00

ENTSPANNEN

Schiffstour, Steinmetzarbeiten und Mittelalterpark, wenn das nicht schlaucht! Um die müden Muskeln wieder fit zu machen gibt es nichts besseres als einen Saunagang und danach eine Schoko- und Honigmassage. **WO?** *Wellness- und Gesundheitscenter Lewel, Hotel Friheden, Tejnvej 80, Sandkås | www.lewel.dk*

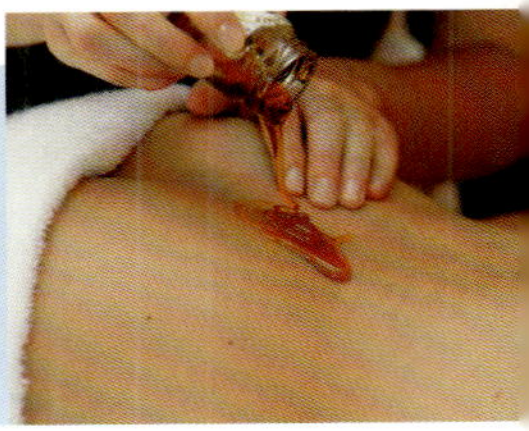

GENUSS PUR

20:00

Dinner im *Kadeau*, einem Strandrestaurant mit Spitzenküche! Zu Fisch mit warmer Mayo, Spinat und Roter Bete wird exzellenter Wein serviert. Dazu ein paar Kerzen und ein grandioser Blick aufs Meer. Da fängt die Seele an zu träumen! **WO?** *Baunevej 18, Vestre Sømarken | Tel. 56 97 82 50 | www.kadeau.dk*

23:30

PARTY ON!

Nach dem romantischen Essen bei Kerzenschein machen Sie nun die Nacht zum Tag. In der Disco *Sputnik* fühlen Sie sich wie ein Satellit und drehen Ihre Bahnen auf der Tanzfläche. Die Stimmung ist gut, die Musik macht Laune – mehr braucht ein guter Abend nicht **WO?** *Sankt Martens Gade 48, Rønne | Tel. 56 95 06 88*

> ALLES LÄUFT RUND AUF BORNHOLM

Von Tennis mit Meerblick bis zum Marathon: ein breites Angebot für aktive Urlauber

> In der großen Vielfalt des Angebots liegt der Reiz: Von gemächlichen Radtouren bis hin zu heißen Beachvolleyballturnieren reicht die Palette aktiver Möglichkeiten.

ANGELN

Anglerlatein oder Anglerglück? Obwohl die Ostsee doch eigentlich leer gefischt sein soll, kommen fast alle Sportfischer mit leuchtenden Augen und großen Fischen von ihren Touren zurück. Vor allem Forellen und Hechte hängen an Haken oder zappeln in Netzen. Angelkarten verkaufen die Turistbureaus.

Aus den Hafenorten läuft in der Saison eine kleine Armada von Fischkuttern zu Angeltouren aus. Meistens dauern diese Törns drei Stunden und kosten etwa 20 Euro plus Angelkarte plus evtl. Miete für Ausrüstung. Bewährt und beliebt (schöner Blick auf die Felsenküste im Nordosten)

SPORT & AKTIVITÄTEN

sind die Fahrten mit der „Chimera" von Allinge aus *(im Sommer mindestens dreimal täglich | Tel. 56 48 51 76)*.

Binnenseeangler lieben es beschaulich, zum Beispiel am *Stenbrudsøen* bei *Nexø Familiecamping*. Zur Beute gehören dort Aale, Barsche und Plötzen. Härter zur Sache geht es beim Trolling auf Lachse oder beim Pilken auf Dorsche. Bootsverleih zum Beispiel bei *Jacob Gudbergsen* in *Listed (Tel. 56 49 64 33 | www.baltic-fishing.dk)* oder im *Melsted Trolling Center (Tel. 56 48 52 11)*. Besitzer Allan Beyer ist auch Chef von Sannes Familie-Camping.

GOLF

Lange schon Volkssport im kleinen Königreich. Drei 18-Loch-Plätze bieten beste Möglichkeiten. Der schönste und anspruchsvollste liegt im Norden, bei Rø. Die Bedingungen sind überall gleich: Reservierung erbeten, 200 dkr Greenfee, Saison von April bis November.

Bei Rønne liegt *Bornholms Golf Klub (Plantagevej 3 | Tel. 56 95 68 54 | www.hjem.get2net.dk/bgk)*, in der Nähe von Rø befindet sich der Platz des Clubs *NGK (Speelingevej 3| Tel. 56 48 40 50 | www.roe.golf.dk)*. Golfer und ihre Gäste kehren dort gern in den Krug *Stenby Mølle* ein, direkt neben Loch 2: deftiges Essen, zünftige Atmosphäre. Im Süden gibt es den *Nexø Golf Klub | Dueodde | Tel. 56 48 89 97 | www.dueoddegolf.dk.*

Insider Tipp

LAUFEN

Laufen ist klar die Nummer eins. Bornholm hat sehr gute Läufer, nicht nur auf Landesebene, sondern auch international. Wer sich also etwas mehr zutraut, als nur allein durch den Wald zu joggen, kann das ganze Jahr über an zahlreichen Wettkämpfen auf der Insel teilnehmen *(alle Termine finden Sie auf www.jogging bornholm.dk, løbskalender)*. Hauptattraktion ist die alljährlich im Juli stattfindende *Etape Bornholm,* wo an fünf aufeinanderfolgenden Tagen auf verschiedenen Routen die Marathondistanz absolviert wird. Am Start sind um die 1500 Läufer aus aller Welt, dabei auch etwa 50 Teilnehmer aus Deutschland *(Infos: www.etape-bornholm.dk)*. Wem das nicht genügt, kann am *Granit-Man* teilnehmen, einem Superduathlon, bei dem es richtig zur Sache geht: 8,2 km Almindingenlauf auf und ab – 70 km Rad auf Nordbornholm auf und ab und dann noch mal die 8,2 km entgegengesetzt gelaufen. Da kommt der Puls in Fahrt.

MINIGOLF

Sehr beliebt bei Urlaubern und Einheimischen ist immer noch Minigolf. Über die ganze Insel verstreut finden Sie zahlreiche interessante und überaus unterschiedlich gestaltete Plätze, die das Minigolferherz höher schlagen lassen. Dabei reicht die Palette von genormten Standardanlagen aus Eternit bis hin zu frei gestalteten Bahnen mit allerlei ungewöhnlichen Hindernissen, Bahnverläufen und mit unterschiedlichen Schwierigkeitsgraden. Einer der schönsten und reizvollsten Plätze ist die Minigolfanlage direkt am Balkastrand, wo man auch mal zwischen dem Baden in der Ostsee seine Fähigkeiten ausprobieren kann.

RADFAHREN

Lieblingsbewegung der Urlauber: Ein Radwegenetz von über 250 km überzieht die Insel, mit herrlichen Ausblicken aufs Meer, mit Routen durch geradezu verwunschen wirkende Spaltentäler und Moore. Für die Planung individueller Touren: Besorgen Sie sich unbedingt die Broschüre „Radwege auf Bornholm" mit Routenvorschlägen, guten Karten und vielen Informationen (Sie erhalten sie zum Beispiel im Velkomstcenter in Rœnne, aber auch im Buchhandel für 45 dkr).

Jährlich im August (Termine unterschiedlich) schwingen sich Hunderte von Bornholmern und Urlaubern zur Radrundfahrt um die Insel *(Bornholm rundt på cykel)* in die Sättel. Das ist kein Wettbewerb, sondern ein Familienspaß mit Volksfestcharakter *(www.cykelbornholmrundt.dk, løbskalender)*.

Insid Tip

REITEN

Das Angebot für Pferdefreunde ist kleiner geworden. Bewährte Adressen sind aber nach wie vor der Hof *Frennegaard* bei Svaneke, wo Vibeke Harild viele junge Stammgäste hat *(Aarsdalevej 81 | Tel. 56 49 72 50)*, und *Smedegårds Rideskole* bei Rønne, die von Tina und Torben Marker geführt wird *(Smedegårdsvej 32 | Tel. 56 95 24 05)*.

Bornholm bietet Reitgelegenheiten für Könner und Anfänger

TENNIS

Die Plätze der meisten bekannten und etwas größeren Hotels sowie die einiger Campingresorts stehen auf Anfrage auch Spielern, die nicht zu den Hotelgästen zählen, offen, als Faustregel gilt: Eine Stunde kostet etwa 7 Euro.

WANDERN

Typisch sind Wanderungen entlang der Küstenpfade. Auf diesen über 120 km langen und bestens ausgeschilderten Wegen machten früher Küstenwächter und Strandräuber ihre Runden. Zu den schönsten Routen gehören die Wanderungen von Gudhjem nach Helligdommen, Insider Tipp von Hammershus nach Vang oder einmal um die Halbinsel Hammeren.

Vor allem in der Vorsaison, im April und Mai, kommen Naturfreunde auf Bornholm ins Schwärmen: Dann blühen dort das gefleckte Knabenkraut, eine violette Orchideenart, ferner die rote Lichtnelke sowie die Wiesenschüssel und über dem Ganzen liegt der knoblauchähnliche Duft von Bärlauch.

> VIEL VERGNÜGEN!

In Erlebniszentren, bei Bonbonkochern und Märchentanten: Nirgendwo haben Kinder mehr Abwechslung

> Der Kellner hilft der Dreijährigen in den Hochstuhl. Dann rückt er, ganz Gentleman, der knapp siebenjährigen Schwester den Stuhl zurecht, legt Malstifte und Märchenfiguren bereit und fragt schließlich höflich lächelnd: „Und was wünschen die Damen zu speisen ...?"

Typisch für Dänemark, typisch für Bornholm! Kein anderes Land in Europa ist so liebevoll, so praktisch und so selbstverständlich auf Familien mit kleinen und größeren Kindern eingestellt: im Postamt, bei der Bank, im Servicecenter eines Ferienhausvermittlers, in fast allen Restaurants und in vielen Hotels. Und nirgendwo im kleinen Königreich können Kinder mehr Abwechslung, mehr Spaß, mehr „heile Welt" in Natur und kleinen Städten, auf gemütlichen Sommerfesten und bei ebenso lustigen wie lehrreichen Abstechern in vergangene Epochen haben als auf Bornholm. In verwun-

Bild: Snogebæk

MIT KINDERN UNTERWEGS

schenen Wäldern (wie zum Beispiel in den Paradieshügeln bei Nexø) warten riesige Wackelsteine auf kleine Abenteurer, in Skandinaviens größter Burgruine Hammershus lässt sich wunderbar Ritter spielen – sogar nachts. Und in den zahlreichen Werkstätten der Keramiker und Glasbläser darf man vielfach nicht nur zuschauen, sondern auch mal etwas ausprobieren. Die vielen Softeisbuden, die Bonbonkocher (am Marktplatz in Svaneke und im Haus Kampeløkken in Allinge) und eine kleine Schokoladenfabrik in Snogebæk sind beliebte Ziele, nicht nur an Regentagen.

DER NORDEN

NACHTWANDERUNG [110 C2] Insider Tipp

Schön „gruselig" geht es zu, wenn sich bei Petroleumlicht und Fackelschein die Gäste in Slotsgaardens Cafeteria treffen, um durch die Burgruine Hammershus zu wandern. Dabei werden schaurige Geschichten und wahre Anekdoten vom Leben und Treiben auf der einstigen Festung erzählt. *Juli–Sept. mindestens einmal pro Woche, Termine im kostenlosen Touristenblatt Denne Uges*

OSTKÜSTE

JOBOLAND ★ [117 D1]

Als es noch Brændesgaardshaven hieß, war dieses 60 000 m² große Kinderparadies vor allem *hyggelig*, also urgemütlich: Holzkarussells, Holzautos, hölzerne Ruderboote auf einem See. Vieles ist so geblieben, auch der Zauberer zieht täglich seine Schau ab wie eh und je. Aber nun locken auch riesige Wasserrutschen (125 m), ein neues Labyrinth, viele Spielautomaten und „Rennwagen" mit 5,5 PS jedes Jahr 120 000 Besucher an. Joboland ist benannt nach der Heimat der „Unterirdischen", also der Trolle, Elfen und Krølle-Bølles. *Højevejen 4 | 3 km westlich von Svaneke | Mai/Juni tgl. 10–18, Juli 10–19, Aug.–Mitte Sept. 10–18 Uhr | www.joboland.dk | Eintritt im Sommer 95 dkr, Kinder unter 4 gratis*

Insider Tipp PFERDETRAM [117 E1]

An jedem Sonnabend in der Saison fährt eine von Pferden gezogene „Straßenbahn" vom Marktplatz in Svaneke durch die Gassen des hyggeligen (gemütlichen) Städtchens. Manchmal darf ein Kind auf dem Kutschbock mitfahren, ansonsten sitzen Kinder, Mütter, Väter und Großeltern auf dem Wagen, aber erst, nachdem alle die Pferde ausreichend gestreichelt, deren geflochtene Mähnen ausgiebig bewundert und gegebenenfalls fotografiert haben. Die Pferde-Tram gehört zu den liebenswerten Attraktionen des Wochenend-Trödelmarktes auf dem Torvet, so wie die alten Herren, die dort meistens für urige Musik und entsprechende Stimmung sorgen.

MIDDELALDERCENTER [112 B5]

Eher ein historisch orientierter Erlebnisplatz als ein Museum: Werkstätten, Märkte, Ritterturniere versuchen, auf fröhliche Weise den Alltag aus dem 14. Jh. zu zeigen. *Stangevej 1 | Østerlars (500 m nördlich der Rundkirche) | Juni und Aug. tgl. 10–16 Uhr | Eintritt 30 dkr | www.bornholmsmiddelaldercenter.dk*

DER SÜDEN

SOMMERFUGLEPARK [117 E4]

Dieses „Tropenland" am westlichen Stadtrand von Nexø überrascht mit ungewöhnlichen Erlebnissen: Papageien, andere bunte Vögel, vor allem aber Schmetterlinge in ungeahnter Vielfalt und in allen Stadien ihres Daseins, von der Raupe bis zum exotischen *sommerfugle*, wie Schmetterlinge auf Dänisch heißen. Kiosk und Cafeteria. *Gl. Rønnevej 14 | Nexø | Mitte Mai–Mitte Okt. tgl. 10–17 Uhr | Erwachsene 50 dkr, Kinder (5–12 Jahre) 40 dkr | www.sommerfugleparken.dk*

DIE INSELMITTE

AUTOMUSEUM [116 A3]

Hier stehen über 40 alte Wagen und „Krafträder", die Autofans das Herz höher schlagen lassen: zum Beispiel Singer, Delahaye, Morgan, Adler, Jaguar und BMW. Neben den Oldtimern ist eine komplette Werkstatt aus den 1920er-Jahren zu besichtigen. Und noch mehr: Dampfradios und Grammofone, Bornholms erstes Fernsehgerät, viel Kurioses aus den Tagen, als die Technik auf der Insel laufen lernte. Eltern und Großeltern führen hier dem staunenden Nachwuchs gern vor, wie der Fortschritt in ihrer Jugend ausgesehen hat. *Grammegårdsvej 1 | Aakirkeby | Mai–Okt. Mo–Sa 10–17 Uhr | Erwachsene 35 dkr, Kinder 15 dkr*

NATUR BORNHOLM [116 A4]

Auf angenehme Weise spektakulär: Die Natur – Fauna, Flora, Geologie – und ihre Geschichte, Wirkung und ihr Bezug zu Bornholm werden spannend und mit viel Spaß erklärt und im doppelten Sinn begreifbar gemacht. Für Kinder ab ungefähr 8 Jahren sehr empfehlenswert. *Grønningen 30 | Aakirkeby | April–Okt. tgl. 10–17 Uhr | Erwachsene 75 dkr, Kinder (7–14 Jahre) 40 dkr | www.naturbornholm.dk*

WIKINGERHOF [116 A3] Insider Tipp

Auf einem Bauernhof im Wikingerstil zeigen Lotte und Jacob Nielsen Einblicke ins Wikingerleben. Sie stellen Flechtwerk, Messer und Werkzeug her, und im Sommer wirft Jacob den Blasebalg an und schmiedet nach Herzenslust. Gäste zum Mitmachen sind willkommen. Zu Pfingsten treffen sich über 100 Wikinger aus ganz Dänemark zum ▶▶ Wikingermarkt, zu dem auch Gäste willkommen sind. *Værfeldsgaard Dalegaardsvej 2 | Aakirkeby | Straße nach Boderne, beim Automuseum | Kurse meist am Wochenende | Auskunft: 56 97 48 64 | www.vikingegaard.dk*

Kleine Pause am Strand, bevor die Radfahrt weitergeht

> VON ANREISE BIS ZOLL

Urlaub von Anfang bis Ende: die wichtigsten Adressen und Informationen für Ihre Bornholmreise

ANREISE

FÄHREN

Der schnellste Weg führt über Rügen, etwa 3,5 Std. dauert die Überfahrt nach Rønne mit den von *Bornholmstrafikken (www.bornholmstrafikken.dk)* betriebenen Fähren. In der Nebensaison kostet die Überfahrt für ein Auto mit bis zu fünf Personen ab 100 Euro, in der Hochsaison 140 Euro *(Di–Do)* bzw. 200 Euro *(Fr–Mo, jeweils für eine Strecke)*. Wer den Inselurlaub mit einer richtigen Seereise verbinden will, kann die reizvolle Anreise über Südschweden in Erwägung ziehen, entweder mit der TT-Linie, *www.TTLine.com*, von Travemünde oder Rostock nach Trelleborg und weiter mit Bornholmstrafikken von Ystad nach Rønne (etwa 140 Euro) oder mit Scandlines *(www.scandlines.de)* von Rostock nach Trelleborg. Weitere Möglichkeiten sind der Weg über Kopenhagen und die Øresundbrücke nach Ystad, über Køge auf Seeland (rund 6½ Stunden), Swinemünde (Świnoujście, Polen) und Kolberg (Kołobrzeg, Polen).

AUSKUNFT

VISITDENMARK

(zuständig für Deutschland, Österreich und die Schweiz), *Postfach 701 740 | 22017 Hamburg | Tel. 01805/32 64 63 (12 Cent pro Min.)* | *www.visitdenmark.com*

PRAKTISCHE HINWEISE

AUTO

Tempo: max. 80 km/h auf Landstraßen, max. 50 km/h in Ortschaften. Abblendlicht rund um die Uhr (auch in Schweden und, Achtung, auch auf Rügen!). Promillegrenze: 0,5 (wird sehr streng gehandhabt!). Falck heißt der (private) Pannendienst in Dänemark, der mit dem ADAC verbunden ist: Stationen in Rønne und Nexø *(beide Tel. 70 10 20 30)*. Eine Parkscheibe (muss an der Windschutzscheibe kleben) gibt es z. B. beim Velkomstcenter in Rønne.

BANKEN & GELDWECHSEL

In allen größeren Orten stehen Geldautomaten zur Verfügung. Die Banken haben montags bis freitags von 10 bis 16 Uhr, einige am Donnerstag auch bis 18 Uhr geöffnet. Kreditkarten sind weit verbreitet, ebenso ec-Karten. Wer auf Bornholm umtauscht, bekommt einen etwas besseren Kurs als zu Hause.

DIPLOMATISCHE VERTRETUNG

Deutscher Honorarkonsul auf Bornholm ist Kristian Goertz, Sie erreichen ihn über die *Sommerhus Udlejning* in Tejn. *Postgade 2 | Tel. 56 48 05 70.*

FAHRRÄDER

In fast allen Küstenorten und in Aakirkeby gibt es Fahrradvermietungen. Auch zahlreiche Hotels, Ferienzentren und Campingplätze verleihen Räder. Faustregel für die Kosten: pro Tag etwa 10 Euro, pro Woche 30 Euro. Mountainbikes und Tandems (sie werden immer beliebter) sind etwas teurer. Wer mehrere Räder auf einmal und für einen längeren Zeitraum ausleiht, wird erfolgreich nach einigen Gratisextras, wie etwa Körbe und Kindersitze, fragen können. Tipp: Besorgen Sie sich unbedingt (zum Beispiel im Velkomstcenter in Rønne) die hervorragend gemachte Broschüre „Radwege auf Bornholm“ mit Tourenvorschlägen (gute Karten!) und vielen weiteren nützlichen Informationen.

WÄHRUNGSRECHNER

€	DKK	DKK	€
1	7,46	10	1,34
2	14,92	20	2,68
3	22,38	25	3,35
4	29,84	30	4,02
5	37,30	40	5,36
7	52,21	50	6,70
8	59,67	70	9,39
9	67,13	80	10,73
10	74,59	90	12,07

GESUNDHEIT

Ärzte, Zahnärzte und das Krankenhaus in Rønne haben ein hohes Niveau. Der ärztliche Notdienst hat die Telefonnummer *Tel. 56 95 22 33*, das *Hospital* in Rønne, *Sygehusvej 9*, erreichen Sie unter *Tel. 56 95 11 65*.

INTERNET

Die offizielle Adresse des Tourismusverbands lautet *www.bornholminfo.dk*. Die Homepage bietet vielseitige Informationen unter anderem zu den Themenkreisen Sport, Kunst, Verkehr, Speisen und Unterkunft; die Website *www.bornholm.net* hat ein ähnliches Angebot, ist aber kommerzieller gestaltet. Im lesenswerten Gästebuch wird allerdings oft die fehlende Aktualität der Inhalte bemängelt; *www.bornholmsmuseer.dk* bietet einen guten Überblick über das große Angebot an Museen auf der Insel und deren Aktivitäten; *www.daenemark.org* informiert ausführlich und übersichtlich über Politik, Wirtschaft, Soziales und vieles mehr aus dem kleinen Königreich (auf Deutsch). Ungemein vielfältig ist der Webkatalog *www.urlaub.dk* mit Hunderten von Links rund um das Ferienland Dänemark.

INTERNETCAFÉS & WLAN

Es gibt so gut wie keine Internetcafés mehr. Den Urlaubern stehen in immer mehr Hotels und sogar Pensionen WLAN-Anschlüsse zur Verfügung – leider immer noch zu oft nur gegen eine Gebühr. Auch Ferienhäuser gehen immer häufiger ans Netz. Zu den letzten öffentlichen Internetmöglichkeiten gehört der Hafenkiosk in Nexø mit einem sehr schnellen Computer (eine halbe Stunde Surfen kostet dort aber immerhin 25 dkr (ca. 3,30 Euro). Kostenlos hingegen ist der Internet-Zugang in *Bornholms Centralbibliotek, Pingels Allé 1,* in Rønne. Auch im *Velkomstcenter,* dem Sitz des Touristenbüros am Hafen von Rønne, kann man max. 20 Minuten gratis ins Internet gehen (zwei Computer).

NOTRUF

Tel. 112 – für Polizei, Feuerwehr, Krankenwagen und Umweltwacht

WETTER AUF BORNHOLM

	Jan.	Feb.	März	April	Mai	Juni	Juli	Aug.	Sept.	Okt.	Nov.	Dez.
Tagestemperaturen in °C	2	2	4	8	14	19	20	20	17	12	8	5
Nachttemperaturen in °C	-1	-2	-1	3	6	11	15	15	12	8	4	1
Sonnenschein Std./Tag	1	2	4	6	9	10	8	7	6	3	1	1
Niederschlag Tage/Monat	11	9	7	7	7	7	8	8	9	10	11	11
Wassertemperaturen in °C	3	2	3	4	7	12	16	17	15	12	8	6

PRAKTISCHE HINWEISE

ÖFFENTLICHE VERKEHRSMITTEL

Die roten BAT-Busse *(www.bat.dk)* verbinden regelmäßig alle größeren Orte der Insel. Ideal für Ausflügler: Es werden problemlos auch Fahrräder mitgenommen.

POST

Postämter gibt es in Allinge, Gudhjem, Hasle, Nexø, Rønne und Svaneke. Das Porto für Karte oder Brief innerhalb Europas beträgt gleichermaßen 8 dkr.

PREISE & WÄHRUNG

Das Preisniveau in Dänemark entspricht ungefähr dem in Deutschland. Offizielles Zahlungsmittel ist die Dänische Krone (dkr).

TELEFON & HANDY

Vorwahl für Dänemark: 0045. Aus Dänemark nach Deutschland: 0049, nach Österreich 0043, in die Schweiz 0041. Karten für Kartentelefone gibt es in Kiosken und Turistbureaus (ab 25 dkr).

Der Handy-Empfang ist überall gut. Man kauft am besten ein Startpaket (etwa 100 dkr), dafür bekommt man eine SIM-Karte und Sprechzeit für 100 dkr. Zum Nachladen kauft man Karten mit *taletid* (Sprechzeit) für 50, 100 oder 200 dkr. Die Aktivierung ist ganz einfach: die Nummer wählen, die auf der Karte angegeben ist, dann den Code von der Karte eingeben.

UNTERKÜNFTE

Sie werden von Ferienhäusern dominiert. Aber wer sich sein Frühstück gern am Büfett abholen oder servieren oder sich auch sonst lieber verwöhnen lassen mag, findet genügend Hotels und Pensionen, die meisten davon im Norden. Generell gilt: den ganz großen Komfort sucht man auf Bornholm vergeblich, und selbst viele Häuser mit gutem Ruf, sogar in Rønne, sind in die Jahre gekommen, haben dringenden Renovierungsbedarf. Deutsche Stammgäste zieht es aber ohnehin seit Jahrzehnten eher in die familiär geführten Pensionen an der Nordostküste oder eben in die Ferienhäuser im Süden und rund um Hasle.

WAS KOSTET WIE VIEL?

BUSFAHRT	**ETWA 5 EURO** für einen Einzelfahrschein Svaneke–Allinge
BORNHOLMER	**6 EURO** für einen Räucherhering
BIER	**AB 1,50 EURO** pro Flasche im Supermarkt
WIENERBRØD	**AB 1,20 EURO** beim Bäcker
BENZIN	**1,60 EURO** für 1 l Super
KAFFEE	**ETWA 1,60 EURO** für eine Tasse im Café

ZOLL

Man darf 10 l Spirituosen und zusätzlich 90 l Wein einführen. Raucher dürfen sich mit bis zu 800 Zigaretten, 200 Zigarren oder 400 Zigarillos oder 1 kg Tabak eindecken – jeweils pro Person.

> TALER DU DANSK?

„Sprichst du Dänisch?" Dieser Sprachführer hilft Ihnen, die wichtigsten Wörter und Sätze auf Dänisch zu sagen

Aussprache

Zur Erleichterung der Aussprache sind alle dänischen Wörter mit einer einfachen Aussprache (in eckigen Klammern) versehen.

AUF EINEN BLICK

Ja./Nein./Vielleicht.	Ja. [ja]/Nej. [nei]/Måske. [moskeh]
Bitte.	Vær så venlig. [wär so wännli] Vær så god. [wärs' goh]
Danke.	Tak. [tack]
Vielen Dank!	Mange tak. [mange tack]
Gern geschehen.	Det var så lidt. [deh war so litt]
Entschuldigung!	Undskyld! [unnsküll]
Wie bitte?	Hvad behager? [wa behar]
Ich verstehe Sie/dich nicht.	Jeg forstår Dem/dig ikke. [jei forstohr dämm igge]
Ich spreche nur wenig …	Jeg taler kun lidt … [jei täler kunn litt]
Können Sie mir bitte helfen?	Undskyld, kan De hjælpe mig? [unnsküll, kann die jälpe mei]
Ich möchte …	Jeg vil gerne … [jei will gärne]
Das gefällt mir (nicht).	Det kan jeg (ikke) lide. [deh kann jei (igge) lie]
Haben Sie …?	Har De …? [har die]
Wie viel kostet es?	Hvad koster det? [wa koster deh]
Wie viel Uhr ist es?	Hvad er klokken? [wa är kloggen]

KENNENLERNEN

Guten Tag!	Goddag! [goh däh]
Guten Morgen/Abend!	God morgen/aften! [goh morn/aften]
Hallo! Grüß dich!	Hallo!/Hej! Dav! [halloh/hei/dau]
Mein Name ist …	Mit navn er … [mit naun är]
Wie ist Ihr Name, bitte?	Undskyld, hvad er Deres navn? [unnsküll, wa är däres naun]
Wie geht es Ihnen?	Hvordan har De det? [wordann har die deh]
Danke. Und Ihnen/dir?	Godt, tak. Hvad med Dem/dig? [gott tack. Wa med dämm/dei]
Auf Wiedersehen!	Farvel! [fahrwäll]
Bis morgen!	Vi ses i morgen! [wi sehs i morn]

SPRACHFÜHRER DÄNISCH

UNTERWEGS

AUSKUNFT

links/rechts	venstre/højre [wānstre/heure]
geradeaus	lige ud [lie ud]
nah/weit	tæt/fjernt [tätt/fjärnt]
Bitte, wo ist …	Undskyld, hvor er … [unnsküll, wor är]
… der Bahnhof?	… banegården? [bähnegohren]
… die U-Bahn?	… S-toget? [äss-touet]
… der Flughafen?	… lufthavnen? [lufthaunen]
Wie weit ist das?	Hvor langt er der? [wor langt är der]

PANNE

Ich habe eine Panne.	Jeg har en skade på bilen. [jei hahr en skähde po bielen]
Würden Sie mir bitte einen Abschleppwagen schicken?	Vil De være venligt at sende mig en kranvogn? [will die währe wännli att sänne mei en krahnwoun]
Wo ist hier in der Nähe eine Werkstatt?	Hvor er der et værksted? [wor är der et wärksted]

TANKSTELLE

Wo ist bitte die nächste Tankstelle?	Undskyld, hvor er den nærmeste tankstation? [unnsküll, wor är den närmeste tankstaschohn]
Ich möchte … Liter …	Jeg vil gerne have … liter … [jei will gärne häh … liter]
… Normalbenzin.	… oktan 93. [oktähn tre-ou-hallfämms]
… Super.	… oktan 95/98. [oktähn fem-ou-hallfämms/ohde-ou-hallfämms]
… Diesel.	… diesel. [diesel]
… bleifrei/verbleit.	… blyfri/blyholdig. [blühfrie/blühholldig]
… mit … Oktan.	… med … oktan. [med … oktähn]
Voll tanken, bitte.	Vær venlig at fylde helt op. [währ wännli att fülle hehlt opp]

UNFALL

Hilfe!	Hjælp! [jälp]
Vorsicht!	Pas på [pas poh]
Rufen Sie bitte schnell …	Tilkald hurtigt … [tillkall hurdit]
… einen Krankenwagen.	… en ambulance. [en ambulangse]
… die Polizei.	… politiet. [politiet]

… die Feuerwehr.	… brandvæsenet. [brannwähsnet]
Es war meine/Ihre Schuld.	Det var min/Deres skyld. [de war mien/dähres sküll]
Geben Sie mir bitte Ihren Namen und Ihre Anschrift.	Vær venlig at give mig Deres navn og adresse. [währ wännli att gie mei dähres naun ou adrässe]

ESSEN/UNTERHALTUNG

Wo gibt es hier ein gutes Restaurant?	Hvor er der en god restaurant? [wor är der en goh resdaurang]
Gibt es hier eine gemütliche Kneipe?	Er der et hyggeligt værtshus? [är der et hüggelit wärtshus]
Reservieren Sie uns bitte für heute Abend einen Tisch für vier Personen.	Vil De være venlig at reservere et bord til i aften til fire personer. [will die währe wännli att reserwehre et bohr till i afften till fier persohner]
Auf Ihr Wohl!	Skål! [skohl]
Bezahlen, bitte.	Jeg vil gerne betale. [jei will gärne betähle]
Wo kann man hier tanzen gehen?	Hvor kan man gå hen at danse? [wor kann mann goh hänn att danse]

EINKAUFEN

Wo finde ich …	Hvor finder jeg … [wor finner jei]
… eine Apotheke?	… et apotek? [et apotek]
… eine Bäckerei?	… et bageri? [et bäjerie]
… einen Supermarkt?	… et supermarket? [et supermarket]
… ein Kaufhaus?	… et varehus? [et wahrehuhs]
… ein Lebensmittelgeschäft?	… en købmand? [en köbmänn]
… einen Markt?	… torvet? [torwet]

ÜBERNACHTUNG

Können Sie mir bitte … empfehlen?	Kunne De anbefale mig … [kunne die anbefähle mei]
… ein gutes Hotel …	… et godt hotel? [et gott hotel]
… eine Pension …	… en pension? [en pangschon]
Ich habe bei Ihnen ein Zimmer reserviert.	Jeg har reserveret et værelse her. [jei hahr reserwehret et währelse her]
Haben Sie noch Zimmer frei?	Har De ledige værelser? [hahr die ledige währelser]
ein Einzelzimmer	et enkeltværelse [et enkeltwährelse]
ein Doppelzimmer	et dobbeltværelse [et dobbeltwährelse]
mit Dusche/Bad	med brusebad/bad [med bruhsebad/bad]
für eine Nacht	for en nat [for en natt]
für eine Woche	for en uge [for en uhe]

Was kostet das Zimmer mit …	Hvad koster værelset med … [wa koster währelset med]
… Frühstück?	… morgenmad? [mornmäd]
… Halbpension?	… halvpension? [hällpangschohn]

PRAKTISCHE INFORMATIONEN

ARZT

Können Sie mir einen guten Arzt empfehlen?	Kan De anbefale mig en god læge? [kann die anbefähle mei en goh lähje]
Ich habe hier Schmerzen.	Jeg har ondt her. [jei hahr onnt her]

BANK

Wo ist hier bitte …	Undskyld, hvor er der … ? [onnsküll, wor är der]
… eine Bank?	… en bank? [en bank]
… eine Wechselstube?	… et vekselkontor? [et wäkselkontohr]
Ich möchte … Euro (Schweizer Franken) in Kronen umwechseln.	Jeg vil gerne veksle euro (schweizer-francs) til kroner. [jei will gärne wäksle euro (schweizerfrancs) till kroner]

POST

Was kostet …	Hvad koster … [wa koster]
… ein Brief…	… et brev… [et brew]
… eine Postkarte…	… et postkort… [et postkort]
… nach Deutschland?	… til Tyskland? [till tüsklann]

ZAHLEN

0	nul [null]	18	atten [ätten]
1	en [ehn]	19	nitten [nitten]
2	to [toh]	20	tyve [tühwe]
3	tre [treh]	21	enogtyve [ehn-ou-tühwe]
4	fire [fier]	22	toogtyve [toh-ou-tühwe]
5	fem [fämm]	30	tredive [trähdwe]
6	seks [säks]	40	fyrre [föhrre]
7	syv [süw]	50	halvtreds [hällträss]
8	otte [ohde]	60	tres [träss]
9	ni [nie]	70	halvfjerds [hällfjährs]
10	ti [tie]	80	firs [fiers]
11	elleve [älwe]	90	halvfems [hällfämms]
12	tolv [toll]	100	et hundrede [et hunnrede]
13	tretten [trätten]	200	to hundrede [toh hunnrede]
14	fjorten [fjohrten]	1000	et tusinde [et tuhsinn]
15	femten [fämmten]	10 000	ti tusinde [tie tuhsinn]
16	seksten [seisten]	1/2	en halv [en hall]
17	sytten [sütten]	1/4	en kvart [en kwart]

Hafen von Rønne

> UNTERWEGS AUF BORNHOLM

Die Seiteneinteilung für den Reiseatlas finden Sie auf dem hinteren Umschlag dieses Reiseführers

REISE ATLAS

A
B
C
1
2
3
4
5
6
2 km
ØSTER-
SØEN
Salomons Kapel
82
Hammersø
Hammerhavn
Sæne Bugt
Våde Ovn
Hammershus
7
Tørre Ovn
Slotslyngen
86
Dyrepark
Finnedalen
Borrelyng
Van
124
Vang Mølle
12
Blæsbjerg
108
Krakken
Ringebakker
0,5
Bymølle
Jons Kapel
69
Kåsby
89
Teglkå
159
Fuglesangen
Knarremose
Ruts Kirke
86
Helligpeder
Rutsker
Jydegårde
Vysteby
111
Krummemark
Baggeå
HASLE
8
9
Brogårdssten
Duebjerg
99
Rubinsø
Samsingså
Hasle Lystskov
Toft
11
Tornbygård
Smaragdsø
Muleby
Sorthat
Muleby Å
Kirkeby
Blykobbegård
Blykobbe
30
43
114
110

D
E
F
1
2
3
4
5
6
Simrishamn
Christiansø
Hammerodde
Osand Bugt
Sandvig
Mellembyerne
Madsebakke
Møllenæs
ALLINGE-
Møseløkken
Knudsnæs
Bridsensgård
Sandkås
Korsbjerg
Lærkegårde
Tej
Olsker
Stammershalle
Kås
Hollændergårde
Sankt Ols Kirke
Tejn Å
Kølleregård
Bådsted
158
Humledal
Helligdomsklipperne
Bornholms Kunstmuseum
Munken
Skrubbedal
Døndal
Rutsker
Rokkesten
Stenby Mølle
Lindeskov
Rø
Skubbekrak
Petersborg
Stenrøret
Døndal Å
Stenby
Røbro
Bøgeskoven
Tudehøj
Højlyng
Torpebakker
Bedegade
Spydelund
Kløven
Krashave
Lyngen
Bromme
Lyngholt
Stenvarpen
Østerlar
Dammemose
Borgen
Plantage
Bolderis
Splidsgård
Nørre Borgedal
Korsmyr
Splidsgård Huse
Rø Plantage
Elleskov
Klemensker
Søsende
Sønder Borgedal
Bjælkestene
Kongensmark
Lærkesø
Mæby
Skovly
Klemensker Plantage
Spagerå
Asseregårds Huse
Stavsdal
Skarpeskade
Simenehøje
Stangegård
Årsballe
Nyker
Gammelmose
Hallegård
Kampeløkke Å
111
115

A
B
C
1
2
3
4
5
6
2 km
lligdomsklipperne
rnholms Kunstmuseum
Lindeskov
Rø
Røbro
Salene Bugt
Salne
Sorteodde
Gudhjem
Melsted
Bøgeskoven
Kobbeå
Lensgård
Bromme
Østerlarsker
Lensbjerge
Borgen
Plantage
Kobbegård
Gamlevælde
Stavehøj
Himmerigsport
Saltuna
Strandby
Randkløve
Middelaldercenter
Elleskov
Solbakke
Krækket
Bjælkestenen
Østerlars Kirke
Østerlars
Kelseby
Kelse Å
Risen
Randkløve
Risehøj
Lærkesø
Spageå
Gildesbo
Risen Skov
Kløvedal
Skrulle
Glappehuse
Staggehuse
Kirkeby
Stamperegård
Stavsdal
Studeby
Gammelmose
Åløse
Præstegaden
Østermari
116
112

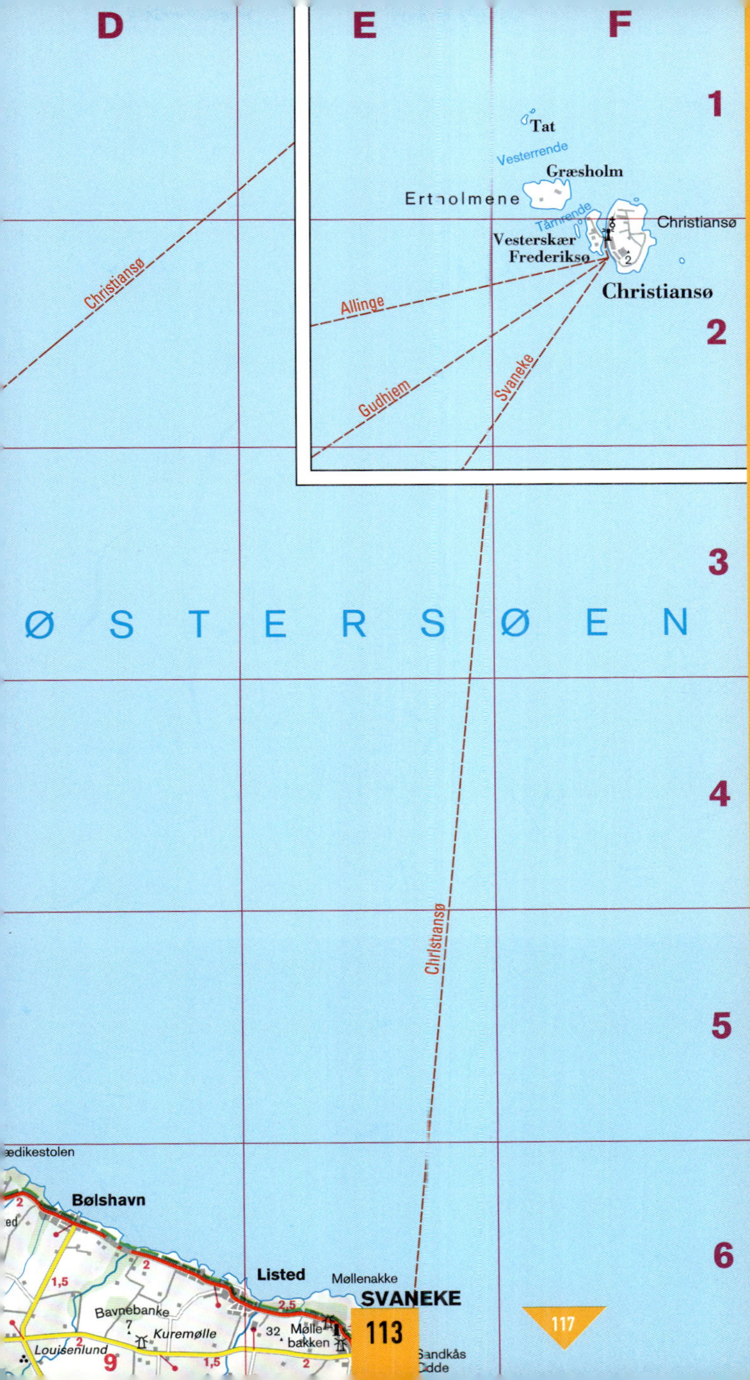
D
E
F
1
2
3
4
5
6
Tat
Vesterrende
Græsholm
Ertholmene
Tärnrende
Christiansø
Vesterskær
Frederiksø
Christiansø
Christiansø
Allinge
Gudhjem
Svaneke
Ø S T E R S Ø E N
Christiansø
Bølshavn
Listed
Møllenakke
SVANEKE
Bavnebanke
Kuremølle
Mølle
bakken
Louisenlund
Sandkås
Odde
113
117

A
110
B
C
1
2
3
4
5
6
Sorthat
159
Kirkeby
Blykobbegård
Blykobbe
Skanser
Plantage
Gøngeherred
Nyk
Risenholm
Møllevangen
Næbbe
Bugt
RØNNE
Museum
Knudsker
Knuds Kirke
Stavelund
Byå
Grisby
Rønne
Plantage
Robbe
Onsbæk Huse
Møllebugt
Stampen
Korsodde
Bornholms
Lufthavn
Bavnodde
Horsemyre Odde
Arnage
Ystad
Køge
Sassnitz
Świnoujście
ØSTERSØEN

D
E
F
Skarpeskade
Stangegård
Årsballe
Stavsdal
Nyker
Bolsterbjerg
Gammelmose
Hallegård
Plantage
Dyndegård
Tingsted Å
Indlægget
Travbane
Bjerget
Ravnebakke
Rokkesten
Blykobbe Å
Elleby Gårde
Tingsted
Bjergebakke
Jomfrubjerge
Lilleborg
Orninge Bakke
Gamleborg
Ringeby
Vestermarie
Plantage
Dueodalsvend
Ridderknægten
Vestre Indlæg
Vestermarie
Vestergårds-
huse
Dronningestenen
Ekkodalen
Vallensgård
Vallensgård
Huse
Mose
Læså
Plantage
Blemmelyng
Myreby
Fåreby
Klinten
Klintegårde
Snørenge
Skagelfaldet
Kølleregård
Nylars
Nylars
Kirke
Lobbæk
Tvillinggårde
AAKIRKEBY
Aakirke
Vellensbygård
Engegårde
Brændegårde
Strøby
Natur-
Bornholm
Nyby
Lundesten
Engegårde
Bodelyng
Huse
Vingevænge Gårde
Strøbyhus
Kalby
Arnager
Arnager Bugt
Sose
Lilleå
Hallegård
Ugleenge
Værmelanshuse
Skanse
Sose Odde
Sose Bugt
Limensgade
På Løkker
Risegård
Store Munkegård
Saksebro
Gildal
Boderne
Raghammer Odde
2 km

111

115

KARTENLEGENDE

Autobahn · Gebührenpflichtige Anschlussstelle · Gebührenstelle · Anschlussstelle mit Nummer · Rasthaus mit Übernachtung · Raststätte · Kleinraststätte · Tankstelle · Parkplatz mit und ohne WC	Motorway · Toll junction · Toll station · Junction with number · Motel · Restaurant · Snackbar · Filling-station · Parking place with and without WC
Autobahn in Bau und geplant mit Datum der Verkehrsübergabe	Motorway under construction and projected with completion date
Zweibahnige Straße (4-spurig)	Dual carriageway (4 lanes)
Fernverkehrsstraße · Straßennummern	Trunk road · Road numbers
Wichtige Hauptstraße	Important main road
Hauptstraße · Tunnel · Brücke	Main road · Tunnel · Bridge
Nebenstraßen	Minor roads
Fahrweg · Fußweg	Track · Footpath
Wanderweg (Auswahl)	Tourist footpath (selection)
Eisenbahn mit Fernverkehr	Main line railway
Zahnradbahn, Standseilbahn	Rack-railway, funicular
Kabinenschwebebahn · Sessellift	Aerial cableway · Chair-lift
Autofähre	Car ferry
Personenfähre	Passenger ferry
Schifffahrtslinie	Shipping route
Naturschutzgebiet · Sperrgebiet	Nature reserve · Prohibited area
Nationalpark, Naturpark · Wald	National park, natural park · Forest
Straße für Kfz. gesperrt	Road closed to motor vehicles
Straße mit Gebühr	Toll road
Straße mit Wintersperre	Road closed in winter
Straße für Wohnanhänger gesperrt bzw. nicht empfehlenswert	Road closed or not recommended for caravans
Touristenstraße · Pass	Tourist route · Pass
Schöner Ausblick · Rundblick · Landschaftlich bes. schöne Strecke	Scenic view · Panoramic view · Route with beautiful scenery
Heilbad · Schwimmbad	Spa · Swimming pool
Jugendherberge · Campingplatz	Youth hostel · Camping site
Golfplatz · Sprungschanze	Golf-course · Ski jump
Kirche im Ort, freistehend · Kapelle	Church · Chapel
Kloster · Klosterruine	Monastery · Monastery ruin
Schloss, Burg · Schloss-, Burgruine	Palace, castle · Ruin
Turm · Funk-, Fernsehturm	Tower · Radio-, TV-tower
Leuchtturm · Kraftwerk	Lighthouse · Power station
Wasserfall · Schleuse	Waterfall · Lock
Bauwerk · Marktplatz, Areal	Important building · Market place, area
Ausgrabungs- u. Ruinenstätte · Bergwerk	Arch. excavation, ruins · Mine
Dolmen · Menhir · Nuraghen	Dolmen · Menhir · Nuraghe
Hünen-, Hügelgrab · Soldatenfriedhof	Cairn · Military cemetery
Hotel, Gasthaus, Berghütte · Höhle	Hotel, inn, refuge · Cave
Ausflüge & Touren	Excursions & tours

REGISTER

Hier finden Sie alle in diesem Reiseführer erwähnten Orte und Ausflugsziele, wichtige Sachbegriffe und Personen. Halbfette Seitenzahlen verweisen auf den Haupteintrag.

IMPRESSUM

> SCHREIBEN SIE UNS

Liebe Leserin, lieber Leser,

wir setzen alles daran, Ihnen möglichst aktuelle Informationen mit auf die Reise zu geben. Dennoch schleichen sich manchmal Fehler ein – trotz gründlicher Recherche unserer Autoren/innen. Sie haben sicherlich Verständnis, dass der Verlag dafür keine Haftung übernehmen kann.

Wir freuen uns aber, wenn Sie uns schreiben.

Senden Sie Ihre Post an die
MARCO POLO Redaktion,
MAIRDUMONT, Postfach 3151,
73751 Ostfildern,
info@marcopolo.de

IMPRESSUM

Titelbild: Windmühle, gelbe Fahrräder (Laif: Raach)
Fotos: Colorvision Uthoff (2 l.); Feldhoff & Martin (Klappe links, Klappe Mitte, 4 r., 41, 42 46/47, 63, 108/109); © fotolia.com: DWP (91 u.r.), evgenyb (90 u.r.), Helmut (91 M.r.), Stephan Rothe (91 o.l.); HB Verlag: Schröder (19, 22, 23, 32, 35, 36, 48, 52, 61, 64/65, 68, 72, 80, 85, 95); O. Heinze: (30/31, 92/93, 119); Huber: Lubenow (89), Schmid (6/7, 8/9, 16/17, 22/23, 24/25, 27, 33, 56/57, 66/67, 75, 78/79); IFA-Bilderteam: Hahn (39); © iStockphoto.com: bosenok (90 o.l.), craftvision (13 o.), Karen Harrison (90 M.l.); Jantzens Fristelser: Anders Beier (15 o.); Kadeau (91 M.l.); K. Kallabis (3 M.); Linda Karlsson (13 u.); Maik Kloß (12 o.); H.-U. Kossel (Klappe rechts, 2 r.); Bodo Krecklow (15 u.); Laif: Amme (28/29), Hub (4 l., 50, 54, 71, 82), Raach (1); Look: Dressler (86/87, 96/97), Galli (11, 45), Raach (3 l., 5, 28, 58, 99); Mauritius: FreshFood (26); MS Thor: Morten Jørgensen (90 M.r.); Hans-Henning Pedersen (14 u.); scandlife Danmark (15 M.); B. Schiller (3 r., 20, 29, 77, 122); Seachallenge Bornholm: Ole Sig (12 u.); Wonderfestiwall: Paw Brylet (14 o.)

8., aktualisierte Auflage 2011

Chefredaktion: Michaela Lienemann (Konzept, Chefin vom Dienst), Marion Zorn (Konzept, Textchefin)
Autor: Bernd Schiller; Redaktion: Manfred Pötzscher
Programmbetreuung: Silwen Randebrock; Bildredaktion: Gabriele Forst
Szene/24h: wunder media, München
Kartografie Reiseatlas: © MAIRDUMONT, Ostfildern
Innengestaltung: Zum goldenen Hirschen, Hamburg; Titel/S. 1–3: Factor Product, München
Sprachführer: in Zusammenarbeit mit Ernst Klett Sprachen GmbH, Stuttgart, Redaktion PONS Wörterbücher

Printed in Hungary. Gedruckt auf 100% chlorfrei gebleichtem Papier

> UNSER AUTOR

MARCO POLO Insider Bernd Schiller im Interview

Bernd Schiller kennt und liebt „seine" Insel seit Jahrzehnten, fährt jedes Jahr hin und entdeckt dabei auch nach fast 30 Besuchen immer wieder Überraschendes

Wie sind Sie mit Bornholm verbunden?

Persönlich durch die Erinnerung an die schönsten Kindersommer, die sich denken lassen, und durch viele Freunde auf der Insel, Deutsche wie Dänen. Verkehrstechnisch durch die Fährschiffe, mal über Sassnitz auf Rügen, mal über Ystad in Südschweden.

Was reizt Sie an Bornholm?

Die schier unglaubliche Vielfalt an Landschaften und Kulturangeboten, zu denen ich auch die vielen Kunsthandwerker zähle, die irgendwo auf ihren Höfen und in ihren Galerien und Ateliers sitzen und meistens still, dafür aber sehr kreativ vor sich hinarbeiten.

Ist denn die Zeit stehen geblieben?

Nein, natürlich nicht. Man hat nur besser aufgepasst als an anderen, vor allem mediterranen Küsten: Wirklich nirgendwo verschandeln hässliche Bauten und schon gar keine Hochhäuser die Strände im Süden oder die Felslandschaften im Norden. Alle Städtchen wirken so beschaulich und liebenswert wie eh und je. Mir ist freilich bewusst, dass dies eine touristische Sichtweise ist. Denn die Kehrseite heißt: Es geht wirtschaftlich nicht voran; vor unzähligen Häusern und Geschäften steht ein Schild mit dem Hinweis „Til Salg" – zu verkaufen! Die Jugend kehrt der Insel immer öfter den Rücken. Und zu viele Hotels und Pensionen haben Modernisierungsbedarf. Es fehlen dort zeitgemäßer Komfort und zum Beispiel Wellnesseinrichtungen.

Was ist das Besondere an Bornholm?

Dass auch nach Jahrzehnten alles Wesentliche so geblieben ist, wie es war. Und dass es zugleich immer wieder so viel Neues zu entdecken gibt – auf Bornholm ist das kein Widerspruch.

Was mögen Sie nicht so gern?

Dazu fällt mir nichts ein, denn mit dem doch recht hohen Preisniveau und den nicht mehr so schönen Fähren auf der Sassnitz-Route habe ich mich längst abgefunden.

Wie sieht für Sie ein typischer Bornholmtag aus?

Den gibt es nicht. Mal ist ein Strandtag in den Dünen von Dueodde angesagt, mal eine Radtour zu den abgelegenen Keramikerwerkstätten. Am nächsten Tag vielleicht eine Wanderung auf den Rettungswegen an der Küste oder im verwunschen wirkenden Almindingen Wald oder Blaubeeren sammeln in den Paradieshügeln bei Nexø. Oder ...
Und abends? Am Strand den Sonnenuntergang genießen. Jazz in einer Brauerei. Ein Konzert in der Hammershus-Ruine oder in einer der märchenhaften Rundkirchen. Oder, oder, oder ...

> BLOSS NICHT!

Was Sie bei der Reiseplanung und auf Bornholm beachten sollten

Zu spät buchen

Wer sich erst kurz vor dem Urlaub sein Quartier sucht, mag bei vielen touristischen Produkten und Zielen Geld sparen. Auf Bornholm trifft diese Last-Minute-Regel aber nicht zu. Im Gegenteil: Vor allem Ferienhäuser in Strandnähe sowie Apartments und Wohnungen in kleinen, schönen Anlagen sind oft schon im Januar oder Februar vergeben. Auch Fährplätze an Wochenenden, besonders auf der Route zwischen Rügen und Rønne, sollten rechtzeitig reserviert werden.

Flagge zeigen

Die Dänen haben ein unverkrampftes Verhältnis zu ihrer Landesfahne. Der Danebrog – die älteste Flagge der Welt – wird von ihnen immer und überall gehisst, als breites Fahnentuch oder als schmaler Wimpel. Das heißt aber nicht, dass Urlauber auf Bornholm es ihnen nachtun sollten: Das Hissen ausländischer Flaggen, beispielsweise am Ferienhaus, ist bei Strafe verboten.

Drängeln

Zuweilen fühlen sich manche Dänen in ihrer leichten Skepsis gegenüber einigen Besuchern aus dem großen Nachbarland bestätigt. Zum Beispiel, wenn deutsche Gäste vor der Eisbude, an den Attraktionen in Joboland oder am Fischbüfett drängeln oder ungeduldig werden. Die Dänen sind da gelassener, warten ab, bis sie dran sind, geben ihrem Unmut über ein paar Minuten Wartezeit so gut wie nie Ausdruck – schon gar nicht lauthals. Die netten Nachbarn im Norden wundern sich übrigens auch immer wieder, wenn ihnen in den Dünen von Dueodde oder sonstwo am Strand andere, meistens ausländische Gäste mit der Wolldecke und dem Picknickkorb zu dicht auf die Pelle rücken.

Parkscheibe vergessen

Bis auf wenige Ausnahmen ist auf Bornholm das Parken kostenlos, jedoch wird eine Parkscheibe gefordert. Gerade in der Hochsaison sind die Politessen sehr aktiv, kennen keinerlei Gnade und greifen auch konsequent durch. Und die Strafe für eine vergessene Scheibe hat es in sich: 512 dkr (etwa 70 Euro).

Warnschilder am Strand ignorieren

An einigen Strandabschnitten befinden sich Warnschilder, die darauf hinweisen, dass das Baden bei entsprechenden Windverhältnissen lebensgefährlich sein kann. Diese Warnungen sollten Sie unbedingt ernst nehmen.

Kinder laut ausschimpfen

Die Dänen sind auf angenehme Art kinderfreundlich: Sie lassen Kinder gewähren, ohne sie ständig zu gängeln. Was sie gar nicht leiden können: wenn Kinder in der Öffentlichkeit laut angemeckert und ausgeschimpft werden.